LILIANE ATLAN

Collection Monographique Rodopi
en
Littérature Française Contemporaine
sous la direction de Michaël Bishop

IX

LILIANE ATLAN

AMSTERDAM 1988

LILIANE ATLAN

Bettina Knapp

CIP-GEGEVENS KONINKLIJKE BIBLIOTHEEK, DEN HAAG

Knapp, Bettina L.

Liliane Atlan / Bettina L. Knapp. — Amsterdam : Rodopi.
— (Collection monographique Rodopi en littérature
française contemporaine, ISSN 0169-0078 ; 9)
ISBN 90—6203—827—1
SISO fran 856.6 UDC 840
Trefw.: Atlan, Liliane / Franse letterkunde.
©Editions Rodopi B.V., Amsterdam 1988
Printed in The Netherlands

Préface du directeur de la Collection

La *Collection Monographique Rodopi en Littérature Française Contemporaine* vise à offrir une série d'études critiques, concises et cependant à la fois élégantes et fondamentales, consacrée aux écrivains français d'aujourd'hui dont l'oeuvre témoigne d'une richesse imaginaire et d'une vérité profonde. La plupart des études, choisissant d'embrasser la pleine gamme d'une oeuvre donnée, s'orienteront vers des auteurs dont l'écriture semble exiger tout de suite le geste analytique et synthétique que, je l'espère, la *Collection* accomplira.

L'oeuvre de Liliane Atlan 'fascine et envoûte', 'bouleverse et désoriente'. Elle est parmi les plus intensément vécues, les plus viscéralement et purement méditées de ce siècle, de tous les temps. Ancré dans l'angoisse de la finitude, de la mort, des multiples empêchements de ce poids historique qui pèse et sur le corps et sur l'esprit, l'acte d'écrire de Liliane Atlan réussit néanmoins à s'adonner à un désir de transformation qui la hante, à un besoin d'amour et de vigueur à venir, à cette puissance miraculeusement libératrice d'une âme qui n'oublie pas 'l'origine', 'le centre', l'indicible. L'étude de Bettina Knapp, perspicace et pénétrante, éloquente et originale, montre à fois le soubassement 'théorique', intertextuel et l'urgence ontologique de l'oeuvre de Liliane Atlan, et révèle à quel point la fulguration et la ferveur de celle-ci, loin de toute gratuité expérimentale, témoignent et d'un besoin d'excavation dangereuse mais lucide et d'une volonté de jubilation, de transcendance joyeuse. Et c'est là que la qualité explosivement novatrice de cette écriture s'articule: au coeur de ce 'point de magique utilisation des choses' qu'est, pour Artaud, le théâtre — avec ses différents doubles et 'éclatements'.

Michaël Bishop
Halifax, Nouvelle-Ecosse
Canada
mai 1988

PREMIERE PARTIE
FINITUDE ET DESIR

L'écriture est délivrance pour Liliane Atlan. Sa poésie, son théâtre, ses écrits, qui transcendent la notion même de catégories, donnent forme à un tourment inné qui, par la suite, crée des affinités singulières entre l'émoi, le moi, et les vocables. Le mot *joie*, par exemple, revient sans cesse dans son oeuvre, et côtoie continuellement des sentiments de détresse. Cette polarité qui se manifeste chez Atlan remonte très loin: elle séjourne dans ses racines judaïques, qui tirent leur substance du Talmud, recueil de traditions rabbiniques qui interprète la loi de Moïse; dans le *Zohar* (*Livre des Splendeurs*), écrit cabbaliste; la Bible, et certains contes hassidiques. C'est une quête que l'oeuvre d'Atlan, une recherche du sacré.

> Il faut exprimer une infinité de choses qui se succèdent, s'annulent, se déposent comme des alluvions. Le mouvement de la vie fait que cela continue. Il faut dépasser la représentation de l'espace et du temps pour traduire ce mouvement de la vie, pour retrouver la joie par l'intuition de ce mouvement. Ce que je voudrais, c'est donner une sensation tragique de la joie.[1]

Cette oeuvre a aussi une dimension cosmique. Dans chacun de ses écrits (ses poèmes, par exemple, *Les Mains coupeuses de mémoire* ou *Le Maître-Mur*; son théâtre, *Monsieur Fugue ou Le Mal de Terre*; *Les Messies ou Le Mal de Terre*; *La Petite Voiture de Flammes et de Voix*; ses vidéotextes, *Même les oiseaux ne peuvent pas toujours planer*; *Leçons de bonheur*, ses oeuvres qui tranchent avec ces formes, *Le Rêve des animaux rongeurs)* Atlan relie le disparate. Son verbe, puissant et sonore, renouvelle le fragmenté, le coupe, le casse, le détruit; ses images, prenant relief, prolongent les vies écourtées à travers des phantasmes qui habitent un temps non linéaire, mais cyclique. Elle est un écrivain religieux dans le vrai sens du terme: *religio,* elle cherche ce qui relie l'être avec lui-même, son passé, le terrestre avec le céleste. Sa quête est unificatrice.

L'amour habite et attise son oeuvre. Non un amour paisible ou serein, mais l'écho d'une femme qui désespère, dont les nerfs et les fibres s'enchevêtrent pour se tordre, puis se rompre. Elle veut en finir avec cette solitude qui la hante, cette sensation de dépaysement qui la poursuit et la détruit, elle voudrait se résorber, s'intégrer dans le Grand Tout. Cet amour, alchimiquement parlant, est évoqué dans la plénitude de ses images

---

1. *Littérature de Notre Temps,* Recueil V., p. 6.

brillantes parfois, scintillantes, et à d'autres moments noirâtres, méphitiques, stagnantes, acerbes, érosives.

Son oeuvre est un sondage. Elle se creuse avec couteaux, pioches, pelles, ne s'épargnant nullement la douleur qui en résulte. Pendant ce voyage, elle se délecte en atteignant les cimes de la montagne et des cieux, ainsi que des profondeurs qui l'habitent, écoutant au passage des voix d'une richesse, d'une musicalité, et d'un rythme à la fois envoûtant, harcelant, et porté par une énergie qui la pousse à remonter la pente du désespoir, et la guérit de cette maladie d'être, de ce 'mal de terre' qui l'accable. Elle reconstruit le détruit, rejette le désuet, le détritus qui ne peut plus servir, purifiant ainsi sa vie, son oeuvre. La luminosité de ses écrits est d'autant plus éclatante qu'elle joue avec l'ombre.

L'oeuvre d'Atlan dépasse les bornes imposées par la logique euclidienne et cartésienne de l'univers, pour se plonger dans des sphères irrationnelles. Son verbe et ses êtres sont imprégnés de formes éternelles, d'archétypes: étoiles, nuages, constellations, le domaine ouranien, ainsi que le tellurique, la Terre Mère. C'est aux extrêmes, qui se touchent dans une vision mystique, qu'elle puise sa force énergétique, créatrice, cet élan qui l'aide à saisir ses visions, ses hallucinations, ses phantasmes, à les posséder, pour s'infiltrer, se diffuser, se dilater à la dimension du cosmos.

L'oeuvre d'Atlan répond à une nécessité fondamentale de notre époque. Elle nous parle, nous captive, nous déroute, nous sort de nous-mêmes ou nous projette plus profondément dans nos propres abîmes. Son optique suit une direction esthétique et mystique, analogue aux grandes découvertes scientifiques de nos jours. Qu'il s'agisse de l'exploration de l'espace, qui aujourd'hui révèle à l'homme un univers illimité, ou de la découverte de l'inconscient, dans lequel l'homme aujourd'hui aussi a lancé ses sondes spatiales, y découvrant de nouveaux espaces qui s'ouvrent à lui, il s'enivre du sentiment de sa puissance.

Les deux dispositions habitent Atlan: terreur et énergie. Elle survit, elle demeure *entière*, grâce à son oeuvre qui l'aide à établir de nouvelles relations et l'adapte aux changements, tout en respectant les forces mystérieuses et inconnues qui l'entourent. Elle cherche à découvrir, au-delà du 'mal de terre', sa véritable identité, à résoudre le paradoxe qui crée ce tumulte corrosif chez elle--chez tous les êtres qui cherchent à comprendre l'infini--cette même dichotomie qui préoccupe aussi Beckett. Au bout de son chemin, Atlan découvre non pas une entité abstraite, un 'dieu caché' en accord avec les dogmes, mais une véritable étincelle, une flamme qui vit en elle, enfouie dans ses fibres les plus profondes. C'est justement cette force, cet agent catalyseur dénué de nom, cet élément sacré qui décante en elle ce pouvoir, ce don créateur de *vates*.

L'enfance: Née à Montpellier en 1932, Liliane Cohen, dont la famille est originaire de Salonique, mène une enfance ordinaire. Juive, elle doit se cacher quand la deuxième guerre mondiale éclate. Entre 1939-45, sa soeur Rachel et elle, sont hébergées dans le Sud de la France et en Auvergne. Elle apprend que toute la famille de sa mère est morte en déportation. Elle ne comprend pas: pourquoi reste-t-elle vivante alors que les autres sont morts? Cette question l'obsède, créant chez elle un sentiment aigu d'angoisse, mais aussi de culpabilité, qui la poursuivra le restant de ses jours. Sa difficulté d'être, ce 'mal de terre', qui s'infiltre en elle et s'exprime dans ses rêves, ses phantasmes, la perturbe déjà enfant lorsqu'elle frôle le danger de si près, lorsqu'elle entend parler de gens arrachés à leurs foyers, jetés dans les camions, puis dans des camps, et puis brûlés. Plus tard, elle s'exprime sur cette époque de sa vie de la façon suivante:

> On nous cachait, ma soeur et moi, nous ne pouvions presque jamais sortir. Elle se déguisait, elle était le Public. J'étais la scène, les comédiens, l'auteur, et tout ce monde en moi criait, gesticulait, mourait . . . . Après la guerre, plus rien ne me semblait possible. L'homme et ses dieux sont morts dans les camps, on peut le dire ainsi, les abstractions rassurent. Les récits de mon frère étaient beaucoup plus vrais. Je les vivais, des nuits entières, je cessai de manger. Je sortis de la tristesse par réflexe, ou par vitalité. Mais il fallait pouvoir durer.[1]

Après la guerre, la douleur fut autre. Revenue vivre chez ses parents à Montpellier, elle assistait à des scènes incroyablement tristes. Toutes les fins de semaine, ses parents passaient leur temps à essayer de retrouver leur famille déportée, personne n'est jamais revenu. Ils hébergaient des inconnus, qui sortaient des camps de concentration, sans famille, désoeuvrés dans tous les sens du mot. Un après-midi, Atlan rentre de l'école et voit chez elle une jeune fille dont la tête avait été rasée, ses yeux fixaient un monde inconnu. L'horreur de ce regard penché sur l'Indicible a longtemps hanté l'enfant Atlan. Une autre fois, une pianiste avait été invitée: à Auschwitz, on l'avait obligée à jouer de la musique pendant que sa fille était envoyée à la chambre à gaz. Cette femme ne disait rien. Qu'aurait-elle pu dire? Bouleversée par sa présence, Atlan court à la salle de bain et vomit. C'est d'Auschwitz, également, que Bernard Kuhl revient, ses parents et sa soeur y furent tués, il se laissait mourir de faim dans une chanbre d'hôtel à Paris, trop fier pour accepter aucun secours. Le père d'Atlan entend parler de lui, va le chercher, trouve les mots qu'il faut pour lui faire accepter d'être aidé, l'emmène chez lui, l'adopte. Bernard dira plus tard que s'il n'est pas devenu fou, c'est grâce á lui. 'La bonté de mon père était contagieuse,' écrira Atlan, quelques années plus tard, ainsi que: 'Si j'écris ce que j'écris, c'est grâce aux récits de Bernard.'[2]

2. Liliane Atlan, Interview sur bande, 1983.

9

Atlan poursuit ses études mais souffre profondément de tout ce qu'elle a entendu rapporter: tueries, rafles, déportations, tortures. Alors qu'elle est en classes de première au lycée, elle est hospitalisée pour anorexie. Son refus du monde a trouvé le moyen de s'exprimer.

Après quelques mois de traitement, elle passe son baccalauréat, puis entreprend une licence de philosophie à la Sorbonne. C'est en 1948 qu'elle entre à l'Ecole Gilbert Bloch d'Orsay. Fondée à la fin de la guerre par Robert Gamzon. L'Ecole Gilbert Bloch d'Orsay, du nom d'un Polytechnicien, résistant fusillé pendant la guerre, se proposait d'être un laboratoire où les jeunes juifs déracinés, traumatisés par la guerre et des persécutions, tâcheraient de retrouver le sens de leur être juif; tenteraient d'inscrire cette tragédie dans le courant de leur Histoire, chercheraient dans la Bible, la Guemara, le Talmud, les clés qui leur permettraient de découvrir le sens de l'existence.

Au lieu de la manière passive d'être juif: celui qu'on — ramasse — pour — l'amener — dans — les — camps — de — la mort, il s'agissait d'y découvrir une manière active, consciente: celui qui cherche la clef du monde et de l'histoire, pour y inscrire la tragédie de son histoire propre.

Entreprise passionnante et qui devait exalter toute une jeunesse. C'est pendant la troisième année de l'existence d'Orsay qu'Atlan fait partie de ce groupe de jeunes étudiants juifs. Elle raconte que souvent ils restaient debout toute la nuit à étudier le Talmud, le Zohar, la Bible, à la recherche du sens. Ces nuits d'étude étaient exaltantes. Ils faisaient aussi des plans pour changer le monde, pour transformer la société, intellectuellement, socialement, et spirituellement. De cette période, il restera un roman inachevé, *Les Petits porteur d'étoiles,* et un désir d'absolu qui continue de s'exprimer à traver l'oeuvre tout entière, avec, au coeur de ces travaux la reprise eternelle de la question: "Pourquoi." Pourquoi les Tragédies, pourquoi l'Extermination? Comment être juif? Que signifie l'époque exemplaire du peuple juif? Quelles sont les voies pour maintenir le dialogue avec Dieu? Pourquoi la déréliction de ce monde? Pourquoi le silence, ou l'inaction de Dieu? Comment vivre.

C'est en 1952 qu'elle épouse Henri Atlan, un des membres de la communauté d'Orsay. Il est médecin, biologiste, physicien. Une fille, Mireille, naît, puis un garçon, Michael. En 1953, elle passe son Diplôme d'Etudes Supérieures de Philosophie. Elle présente un mémoire sur *L'Arbitraire et le fantastique à partir de Nietzsche,* et le prépare sous la direction de Gaston Bachelard à la Sorbonne.

Premiers recueils de poèmes: A cette époque, Atlan écrit des poèmes qu'elle publie sous le nom de Galil: *Les Mains coupeuses de mémoire*

(1960), *Le Maître-Mur* (1962). Sa poésie ruisselle d'images sacrées, du regret du divin, d'une soif d'absolu qui se manifesteront au plan quotidien. Chaque vers représente une lutte lyrique, puissante, évocatrice, passionnée. 'Je voudrais que la poésie soit d'abord une incessante bataille, un théâtre où l'être et l'essence, la forme et le non-formel se combattent durement,' écrit Yves Bonnefoy. De même Atlan: sa syntaxe, parfois cassée, devient brutale, tranchante; un écartèlement se fait jour, révélant une progression dans l'acuité des sensations, une perception de plus en plus saisissante de la réalité cachée derrière le monde des apparences.

Dans ' Racontez-moi les Nouveaux Mondes,' elle étudie les matériaux qui constituent son corps et son âme:

Géologues
Mes forêts parlent
Creusez mes veines
De l'une à l'autre de mes faces
Coulent les siècles
. . . .
Les souterraines
Les orageuses
Forêts d'âmes
Par un très simple jeu d'enfant
Voici la carte des entrelacements.

Eclat sonore et visuel se répercutent dans 'Le Livre sur les sables,' et créent un sentiment de vertige. Le poème lutte, jaillit en flots, en cascades,atteint les cimes ainsi que les profondeurs, étreint, pendant ce voyage enivrant, des planètes, des astres, toute la nature se met à danser. Elle dépasse le dérisoire dans ces vers, délirants, frémissants, happant tout ce qui la trouble et la triture; ses pulsions la dominent; vibrantes, elles suivent en un rythme saccadé, les harmoniques intérieures.

Si vague et si fuyante une lumière parle
Celle de ton visage
Dans la saison des pluies
Quand les citrons roulent sur les grenades
Ecoute le soleil bavarder comme un livre
quand les rôdeurs
de leur couteau
Rendent les jungles praticables
Endors-toi sur la terre aux vieilles soifs tranquilles
Voix comme brillent les fermoirs
Du livre
Sur les sables.

Dans un autre recueil de poèmes, *Les Mains coupeuses de mémoire* (1960), signé également Galil et dédié à son père, Elie Cohen, elle inspire

11

par le lyrisme et la viscéralité de ses vers. L'image de l'arbre est le mot-clef du poème, 'Le Livre du Rôdeur':

> J'ai vu la mer étrange abandonner la mer
> Il ne demeure ici qu'un nom dépaysé
> Ton double déporté dans tout notre univers
> Et l'arbre de la vie rame dans le désert.

C'est à l'arbre mystique qu'Atlan fait allusion dans ces vers. Symbole de la vie et de l'esprit, c'est-à-dire de la vie éternelle, cet arbre de la Connaissance du Bien et du Mal, est fréquemment comparé au pilier soutenant le temple ou la maison. Il est cosmique car il touche aux étoiles par ses branches et ses fruits, au domaine terrestre par son tronc, et s'enfonce profondément dans le monde tellurique par ses racines, affermissant ainsi la psyché de ceux qui se nourrissent de cette force. Il est à noter que Dieu, dans la Genèse, apparaît à Abraham parmi les chênes de Mamré (Gen. 18: 1); que les justes sont comparés au palmier et au cèdre qui fleurissent près des eaux (Psaumes 92:13); à l'arbre qui protège par son ombre (Jérémie 17:8). L'arbre donc transcende le poids de la vie, mais il est également ancré dans ce domaine terrestre, permettant à l'être de se renouveler, de se nourrir de sa présence. L'arbre, issu de la Terre-Mère, est une image à la fois familière et unique qui, pour Atlan, crée des rapports entre les mondes chthoniens et ouraniens--les polarités qu'elle cherche toujours à relier, à souder.

Dans 'Soleil, mon frère,' sa poésie devient le porte-parole d'une voix intérieure, à la fois musicale et spatiale, elle souligne un rythme fondamental en espaçant les anaphores, les syllabes. qui, une fois diffusées, se noient, échappant au domaine fini pour s'élancer vers l'infini.

> Soleil mon frère
> Je te diffuse
> Je malforme la lumière
> Et mon sourire (immense) brûle
> Je sers le hiatus éternel
> Je suis nombreux dans l'univers . . . .

Dans 'L'Eau de Mémoire,' ses vers se meuvent suivant la pente des sensations. Elle donne des noms aux choses, aux objets qui par leur définition même dépassent ces notions. Son chant, naïf parfois, ironique également, est envahi puissamment par cette source qui baigne son oeuvre.

> Interrogez la peine immense
> De ces diseurs de vérité
> Princes, buvez l'eau de mémoire
> Ouvrez la porte aux Etrangers. . . .

'Allez dire à mon frère' évoque des images-tableaux, abstraites, impressionnistes. Ces vers résonnent d'accents bibliques; sa voix, ample, solennelle, entrecoupée par les éléments (terre,eau, air, feu) est habitée par une musicalité qui absorbe silences et cacophonies, ensorcelle par sa sensualité, jointe à l'angoisse de la mort.

> Allez dire à mon frère
> A l'ombre des soleils
> Qu'à l'aube
> Je mourrai
> Et qu'il m'étoile en mer
> Pour qu'en ma tombe encore
> On vienne s'apaiser au fond de mes yeux verts
> Ils ont toute leur vie brillé dans la douleur. . . .

Dans 'J'ai prononcé la terre,' nous affrontons une poésie mythique ainsi que confidentielle, abstraite mais qui sonde le concret, apocalyptique, et qui cherche également à vivre dans la réalité, de manière terrestre. C'est une ascèse qu'Atlan décrit, les péripéties d'une âme qui risque la mutilation, la destruction mais qui s'élance pour plonger dans la vie, dans toute sa profondeur. Concis, abrupt, ce poème est également hermétique, et fait penser aux sonnets de Maurice Scève. Atlan approche le mystère, cerne l'amorphe dans une syntaxe simple mais fragmentée. Son verbe souligne un éternel souvenir, une sensation, une idée maîtrisée--qui retentit de ses profondeurs, de ce monde inconscient qui affleure en celle qui sonde, confronte, et se reconstruit en vers.

Un caractère sacré habite 'J'ai prononcé la terre,' un désir de vivre intensément, de passer outre; mais cela ne bannit pas la densité de ce poids terrestre qui parfois l'accable, apportant la détresse, obnubilant l'incessant jeu de la lumière et de l'ombre.

> J'ai prononcé la terre at j'ai connu la soif
> Que la lumière soit, et la détresse fut. . . .

Théâtre: A cette époque, Atlan écrivait aussi des pièces de théâtre, qu'elle jetait. Elle a gardé *La Vieille Ville, Les Portes, La Bête aux cheveux blancs.* Cette dernière pièce, en trois actes, est de forme traditionnelle, comme *La Vieille Ville.* Mais l'envergure est plus ample, elle évoque à la fois le Moyen-Age et l'époque moderne. Les personnages sont un choeur, un orage, un écho, le vent; la nature en général joue un rôle prépondérant. Mais, en dépit de ces nouveautés théâtrales, ce sont encore des oeuvres de jeunesse. *La Vieille Ville,* écrite à 23 ans, pose des jalons pour les oeuvres de maturité.

Conventionnelle dans sa structure et dans son plan, *La Vieille Ville* dépasse les limites du genre, met en lumière l'originalité de l'auteur. L'histoire ne lui suffit pas. Ou, plutôt, elle cherche à la raconter de manière à rendre évident ce qui se joue en elle, qui la dépasse, qu'on appellerait le divin si ce mot n'était devenu banal, privé de sens. Atlan préfère le remplacer par le mythe du Jardin de la Connaissance. Comme toutes les oeuvres qu'elle écrira par la suite, *La Vieille Ville* est une réponse provisoire à la question: comment s'articulent le divin et l'histoire, le primordial et le quotidien, le fini et l'infini; en d'autres termes: comment vivre une vie à la fois simple et grande. Atlan relie une situation vraie (l'action se passe en 1948 dans le quartier juif de la vieille ville de Jérusalem), à la légende du Jardin de la Connaissance. Elle décrit la pièce de la façon suivante:

> Un Rabbi, sa femme, leurs enfants, leurs amis, se trouvent, comme beaucoup d'autres personnes, assiégées dans leur maison de la vieille ville de Jérusalem, pendant la guerre de 1948. Ils doivent, finalement, l'évacuer. Ce qu'ils vivent leur donne l'impression d'entrer dans 'Le Jardin de la Connaissance,' et, comme dans la légende, l'un meurt, l'un devient fou, le troisième hérétique, un seul sort, en paix.[3]

Le lien entre la guerre dont sortira l'Etat d'Israel et la légende du Jardin de la Connaissance 'n'est nullement artificiel, mais la pièce est appesantie par de longues discussions métaphysiques. D'autre part, Atlan n'avait pas vécu l'expérience, elle ne pouvait donc pas l'intérioriser. En dépit de cela, ses personnages sont vivants, les enfants en particulier. Arlette Reinerg, metteur en scène qui révéla plus tard Dubillard au public parisien, a aidé Atlan à découvrir ce qu'est le langage du théâtre. Elle lisait la pièce, se contentait de sourire dès que le dialogue ne vivait plus. 'J'essayais de bannir les discours,' dit Atlan, 'mais je me mis du temps à accepter que les théories même bibliques, sont des entraves.'[4] Néanmoins, *La Vieille Ville* montre une sensibilité aiguë. Son identification avec un peuple qui a souffert pendant plus de 5000 ans est poignante. De plus, son dialogue est souvent droit, simple, souple, et parfois musical. Le violon perce le silence, il est un véritable personnage, qui ressent les événements avant même qu'ils ne soient survenus.

Entre 1966 et 1968, Atlan habite en Californie, avec sa famille. C'est 'l'été d'amour,' l'épanouissement puis la décadence du mouvement Hippie. Elle rentre en France pour la création, à la Comédie Saint Etienne Jean Dasté, de sa première grande pièce, *Monsieur Fugue ou le Mal de Terre,* dans une mise en scene de Roland Monod et des décors d'Hubert Monloup. La pièce sera reprise au Théâtre National Populaire, à la salle Gémier. (Cette pièce sera étudiée en détail dans la deuxième partie de ce livre.) Le 19 avril 1969, *Les Portes* sont créées à L'ORTF (France Culture, réalisation de Jean-Jacques Vierne).

Les Portes, dont l'image et l'idée continueront à fasciner Atlan dans ses écrits à venir, sont précédées d'une citation d'Apollinaire, ' Ouvrez-moi

---

3. Liliane Atlan, *La Vieille Ville,* p. 1.
4. Liliane Atlan, *Les Portes*, Note liminaire.

14

cette porte où je frappe en pleurant.' Elle explique ses intentions dans une note liminaire.

Les êtres humains sont comme des objets, passifs,
poussés, repoussés, submergés.
A leur place, les choses. Vivantes. Démesurées.
La foule bute contre les portes, comme la mer sur les rochers.
Le réalisme sera celui des cauchemars. Les choses sont là,
réelles, trop réelles. Elles règnent.

Ce sont les portes qui emprisonnent l'être humain, l'empêchent de connaître la liberté, le forcent à se replier sur lui-même, maladivement. Le thème de la maladie qui habite *Les Portes* est puissamment représenté dans toute l'oeuvre d'Atlan. Ici, une maladie envahit toute une population, la ronge, la défigure, finit par la tuer.

Les Portes s'appuient sur la réalité. Atlan était allée en 1957 en URSS, assister au Festival de la jeunesse. Le voyage, qui dura cinq jours, par le train, était en lui-même, un spectacle. Des jeunes de tous les pays se rencontraient, se découvraient, fraternisaient; le train devenait une sorte d'abrégé bruyant et joyeux de la planète. Atlan en oubliait qu'elle mourait de faim (à cette époque, elle mangeait Kascher, et s'était abstenue de nourriture pendant la plus grande partie du trajet). Moscou. On les emmène immédiatement, sans même que leur soit donné le temps de manger, dans une arène immense où des portes métalliques sortaient des murs, se fermant sur les flots d'invités, des milliers de soviétiques chantaient et dansaient dans l'arène, devant des milliers et des milliers d'invités fascinés. C'était splendide, inoubliable. Atlan ne sentait plus sa faim. Elle était soulevée d'enthousiasme. Quelques jours plus tard, les portes se refermèrent sur les juifs russes: ils n'avaient pas le droit d'assister aux spectacles, ni de communiquer avec les étrangers. Ils restaient dehors, exprimant par leur présence, par leur mutisme, la gravité de leur situation. Ainsi, les portes s'ouvraient pour certains, pour d'autres restaient closes.

La pièce repose sur une situation imaginaire, met en scène une maladie qui ronge tout: les personnes, les violons, même les pierres. Ce n'est plus l'histoire d'une famille, ni d'un personnage, mais d'une société:

On donne, dans une arène géante construite pour l'occasion 'La Fête du progrès des hommes.' Des délégués de la terre entière se pressent devant les portes. Beaucoup d'entre eux n'entreront pas. Ils tourneront, de porte en porte, bientôt atteints par une maladie qui détruit leur volonté, qui contamine tout, même les pierres. La fête est célébrée, mais on doit jeter les outils, les clefs, les violons, les chefs-d'oeuvre, les gens. On reconstruit, en grande hâte, l'arène, la ville. En vain. Tout est perdu, contaminé. Un homme et une femme découvrent, dans les ruines, près de mourir, qu'ils auraient pu s'aimer.

Les Portes est une pièce fascinante. La machinerie théâtrale utilisée pour

15

certaines scènes est complexe, et parfois effrayante, kafkaesque. Des grappes d'individus se pressent de grille en grille, et quand la foule elle-même tourne et tourne, tâchant d'enfoncer les portes métalliques, qui ne s'ouvrent que pour se refermer, ce mouvement, accompagné par une musique lancinante, donne l'impression d'être soi-même bloqué, incarcéré, clôturé. Les couloirs vides, où donnent de nombreuses portes, permettent de courir, d'aller çà et là, de chercher sans les trouver, des issues, dans cette forteresse qu'est l'arène: forteresse matérielle, psychique, spirituelle.

En 1971, c'est la création, au Festival d'Avignon, de *La Petite Voiture de Flammes et de Voix,* dans une mise en scène de Michel Hermon (cf. Partie II). *Lapsus,* un recueil poétique de rêves, paraîtra cette même année. De rêve en rêve, Atlan tente de saisir une sorte de logique nocturne, 'l'être est-il autre chose qu'un incessant lapsus.'

La voix qui parle dans *Lapsus* est tremblante, pleine d'angoisse, de cris, de larmes, qui influent sur le rythme et donne naissance à des visions coupantes, écartelantes, haletantes. C'est à travers un langage initiatique, 'crépusculaire,' et solitaire, mais toujours passionne, qu'Atlan poursuit sa quête, qu'elle agresse, violente tout ce qui la censure, que ce soit d'ordre social, affectif, religieux. Les refoulements sont bannis, les souvenirs oubliés; une nature sienne et première émerge de ces rêveries qui oscillent entre la détresse et l'extase. Se servant de l'une de ses images préférées, celle des portes, elle nous entraîne dans ses profondeurs où une méditation angoissée se déploie.

La porte s'est ouverte.
La mienne la voici elle porte la marque d'une marche forcée
parmi les flammes. . . .
D'une voix éraillée mais douce à vous faire hurler,
comme on marmonne à bout de souffle pour tenter
de dire quelque chose une fois dans sa vie juste avant
de crever
Elle délira et l'on tenta de l'étouffer.

Il y a du carnage chez Atlan. Son monde n'est ni majestueux, ni tranquille, mais plutôt immonde, cruel, acéré, non circulaire, comparable en cela aux vers de Jean Cayrol. Elle ne voit pas le beau, comme nous le montrait Novalis; mais, comme Barbey d'Aurevilly, son oeil puissant contemple, s'anime de rage, coupe, à vif. Cet oeil, agressif, comme chez Claudel, flambe; ses rayons blessent, réduisent tout en décombres. Comme un couteau, l'oeil pénètre dans la matière, dans la clarté, luttant inlassablement.

...il s'agit bien de toi la guerre--va--éclater
cliché
cliché

16

les désastres
par vagues
n'ont pas cessé
de ravager.

Atlan est au bord de l'abîme. La Terre est revêtue maintenant d'un éclat monstrueux.

C'est la Fin, l'Eclair, je me traîne dans la ville ébranlée, rasant des murs de vieilles choses, jetées, des murs de meubles, de matelas, de clefs. . . abandonnée, serrant le manuscrit, il ne brûlera pas, il est sacré, je cours parmi les flammes cherchant quelque part sous la terre un endroit épargné, soudain je me revois courir avec ce même livre, futile, nécessaire, tous les Soirs je cours pour l'enfouir quelque part sous la terre. . . .

Un appétit de vie s'accentue, une énergie s'accroît. Le feu brûle mais c'est la lumière, la chaleur qui émerge, cette Co-Naissance--qui l'emmènera au-delà, et dans ses profondeurs. Ce feu, pour l'alchimiste Atlan, devient élément purificateur, régénérateur, permettant une transmutation avec l'aide de l'eau: l'eau, cet autre élément qui pénètre l'oeuvre d'Atlan, s'infiltrera à travers ces sphères poétiques, touchant au divin et au diabolique, embrassant le Grand Tout.

Lapsus est une lapidation; une déconstruction où l'on voit l'auteur se dresser, se lever, atteindre les sommets de l'imaginaire, se laissant parfois figer dans ses cauchemars, pétrifier par ses terreurs. Emportées par la fougue, les flots des replis souterrains, ses visions tourbillonnent, faisant penser à Blake. Les sinistres recoins de maisons, rues, couloirs. tunnels, grottes, se magnifient, évoquant parfois les hallucinations de Nerval dans *Aurélia*. Ce domaine ténébreux qu'est son antre est dominé par un fleuve noir, provoquant peur et frissons. Un paysage crevassé, cerné de grilles, de portes de fer qui l'étreignent, l'étouffent. Momentanément. Elle lutte, pour les abattre, en se servant du verbe, cette force créatrice.

DEUXIEME PARTIE

THEATRE COSMIQUE

> Une vraie pièce de théâtre
> bouscule le repos des sens, libère
> l'inconscient comprimé, pousse à
> une sorte de révolte virtuelle et
> qui d'ailleurs ne peut avoir tout
> son prix que si elle demeure
> virtuelle, impose aux collectivités
> rassemblées une attitude héroï-
> que et difficile.
> (Antonin Artaud, *Le Théâtre et
> son double.*)

Liliane Atlan est un dramaturge en marge. Comme Artaud, Beckett, Ionesco, elle est, à certains égards préoccupée par l'absurdité de la condition humaine; comme eux également, elle s'est débarrassée des conventions théâtrales de son époque, recréant un univers à sa mesure. Il y a un refus d'intrigue dans *Monsieur Fugue, Les Messies, La Petite Voiture de Flammes et de Voix, Les Musiciens, Les Emigrants*: un rejet des conventions. Ses personnages sont de chair et d'os, pétris de la douleur de l'existence humaine. Mais en même temps il sont des archétypes. Ils vivent dans un temps à la fois chronologique et mythique, personnel et anonyme, comme s'ils se reproduisaient, inlassablement, dans tous les pays et à toutes les époques. Atlan a inventé un langage à elle, aux résonances bibliques. Parfois, son parler est saccadé, rempli d'amer-tume, crachant la haine, et à d'autres moments c'est l'amour qui dicte son verbe, qui devient alors velouté, nuancé, infiniment tendre. L'architecture théâtrale, chez Atlan, abandonne 'la boîte à l'italienne', ainsi que la scène ouverte du théâtre élisabéthian. Comme chez Artaud, elle annule temps et espace linéaires; créant ainsi un *continuum* mythique où elle fête un rite collectif et cosmique. L'endroit où se déroulent ses pièces n'est jamais fixe; le paysage flotte, comme si l'action se passait sur des sables mouvants. La multiplicité des scènes, parfois vues et vécues en contrepoint, avec ou sans machinerie, poussent le spectateur, sans relâche, dans l'onirique, où elle le laisse pantelant.

18

Atlan, comme Beckett, souffre d'une angoisse métaphysique. Chacune de ses pièces est un itinéraire; c'est-à-dire une marche, une quête initiatique vers un intérieur illimité où l'unité primordiale et perdue peut se retrouver, manquant le commencement d'une vie vraiment authentique. Elle sait que plus elle s'explore à travers son art, plus ses confrontations, personnelles et collectives, seront pénibles, plus elles seront également salutaires, car en les poursuivant assidûment, elle s'approche de ce que les Kabbalistes appellent 'le Point Mystique', ce Commencement--d'où émane la *Création*. Comme les anciens hiérophantes qui présidaient aux mystères d'Eleusis, Atlan mène jusqu'au bout ce voyage troublant à travers les couches chaotiques du *moi*--du non-créé; grâce à quoi elle a réussi à restituer à l'art du théâtre toute sa plénitude, viscérale et intellectuelle perdue dans les raffinements du théâtre moderne. *Monsieur Fugue, Les Messies, La Petite Voiture de Flammes et de Voix, Les Musiciens, Les Emigrants,* sont des drames, dans le vrai sens du mot; l'action y est violente et douloureuse; le comique y côtoie le tragique.

C'est le monde des formes ainsi que celui des idées qu'Atlan dramatise en créant ses personnages, incohérents parfois, forcenés hallucinants, ténébreux, toujours saisissants et provocants. Angoissés et torturés, ces êtres, ou ces émanations, héros, anti-héros, ricanent de voir comment l'humanité se maltraite elle-même au cours des vies, des générations, des siècles. Ils interrogent violemment leur destin qu'ils essayent de contourner, de transcender, réussissant parfois à travers l'amour, la folie, la souffrance, la drogue, à atteindre au Sacré!

Ce que recherche Atlan, foncièrement, c'est une réalité dans l'irréalité, un cadre dans le fantastique, une rigueur dans l'amorphe, une discipline dans le flou, un spectacle comprenant des fragments qui constitueraient une totalité: gestes, cris, chants, vocables, lumières, bruitages, scénario, toutes ces manifestations théâtrales d'un univers intérieur obsessionnel--toujours vivant. Les litanies, mélopées, jeux verbaux, agonies, articulées et silencieuses, qui marquent le théâtre d'Atlan, s'adaptent aux sentiments et à la pensée modernes. En grossissant parfois les effets de scène, en accentuant les contradictions et les anomalies qui se présentent entre certains vocables, ou idées, qu'elles soient politiques, philosophiques, religieuses, esthétiques, ou en les abolissant tout simplement, Atlan a réussi à se défaire des notions sclérosées comme, par exemple, les mots *Dieu* ou *âme*, qui sont aujourd'hui vides de sens tant on les a employées à des fins diverses et anodines.

La poésie vibre dans chacune de ses phrases, propositions, locutions imagées, répétitions, rimes, assonances, dissonances, qui abondent dans ce théâtre. C'est à travers un parler savoureux et succulent ou, à d'autres moments, aride, acerbe, percutant et abrasif, que toute une gamme musicale émane de ses dialogues. Des cacophonies et des harmonies en forme de fugues, cantates, chants à une ou plusieurs voix, se déploient de façon discordante ou hachée, pour s'harmoniser à la fin en une orchestration symphonique.

Le théâtre d'Atlan est mythique et religieux, comme le théâtre de Genet. Il y a rites, communions, célébrations, non d'une messe, mais d'une expérience primordiale. Une intensité, une fascination et une étrange beauté en ressortent, aidant au déploiement d'un suspense dramatique à travers la progression des événements ou du trajet initiatique. Comme chez Genet et Brecht, il y a déguisements, masques, jeux, cassures de la situation qui se déroule sur la scène. C'est là qu'Atlan bat en brèche toute identification entre le spectateur et le personnage, afin de dépayser tous ceux qui participent au spectacle. Une distanciation et une objectivité en résultent, obligeant le spectateur à réfléchir à travers l'anéantissement progressif des personnages sur la scène.

Atlan ne vogue pas uniquement dans le cosmique-- dans les nuées, ni dans le domaine onirique. Elle part toujours d'une anecdote, d'une situation terrestre, qu'elle discrédite au fur et à mesure que la pièce se déroule. Elle la parodie à travers le langage, les gestes, les masques, les fissures des personnalités et des points de vue qui se manifestent à travers l'action. Il s'agit, comme dans *Le Balcon* de Genet, de démontrer que la vie pragmatique n'est qu'un gigantesque palais d'illusion et que les gens se plaisent dans leur aveuglement, leur surdité, prolongeant ainsi leur vie d'autruche. Pour Atlan, le réveil est essentiel et dans la vie et dans le domaine de l'art.

Il y a donc contamination de la réalité et du rêve, comme il y a mélange entre le tragique et le comique. En créant ces amalgames, Atlan cherche à étonner le spectateur. à le dérouter, à le *débanaliser*. Elle voudrait qu'il maintienne une attitude critique, en dépit des dérisions, des incohérences parfois poussées jusqu'à l'extrême pour en retirer le maximum de bénéfice. L'acuité de la douleur qu'elle exige chez tous ceux qui participent à son théâtre-cérémonie, est censée attiser un pouvoir de discrimination, ainsi que de catharsis. En aucun sens, et ceci en accord avec les principes d'Artaud, le théâtre d'Atlan ne peut être considéré comme un passe-temps ou un délassement, ou un amusement. Au contraire sa scène est peuplée de spectres, de fantasmagories, de puissances archétypes qui souffrent, vagissent, qui se confrontent et parfois renvoient leurs images comme dans un miroir. Acerbes, cruelles, sadiques, masochistes, monstrueuses, ses créatures sont également douées d'une beauté sublime, d'une compréhension rare, rappelant dans leurs angoisses et leurs béatitudes, les compositions de Bosch et de Breughel, de Goya; ainsi que tout un monde boiteux et masqué d'Ensor--des sphères passionnantes et hallucinatoires.

Atlan parle ouvertement des forces qui l'ont influencée dans la création de ses pièces de théâtre. Une affinité mystique, par exemple, entre son oeuvre et le travail d'Artaud dans ce domaine. 'Quand je lisais *Le Théâtre et son double*, j'avais l'impression de voir en écrivant, ce que je pensais, d'une façon obscure. Les paroles d'Artaud me terrifiaient quelquefois-- car je les vivais, trop péniblement.'[1]

Le théâtre d'Atlan est viscéral; le but étant de choquer le spectateur, cruellement, mais dans le sens artaudien de ce mot.

J'emploie le mot de cruauté dans le sens d'appétit de vie, de rigueur cosmique et de nécessité implacable, dans le sens gnostique de tourbillon de vie qui dévore les ténèbres, dans le sens de cette douleur hors de la nécessité inéluctable de laquelle la vie ne saurait s'exercer; le bien est voulu, il est le résultat d'un acte, le mal est permanent.[2]

MONSIEUR FUGUE OU LE MAL DE TERRE
(1967)

C'est dans *Monsieur Fugue* qu'Atlan a exprimé et sa rage et son amour pour le divin et l'humain, dans un théâtre poétique dont la puissance est marquée au fer rouge. Montée en été 1967 par la Comédie de Saint-Etienne-Jean Dasté dans une mise-en-scène de Roland Monod, et en automne de cette même année au T.N.P. à Paris, plus tard, dans le monde entier, *Monsieur Fugue* met en scène les phantasmes de quatre enfants et d'une poupée, condamnés à mort par les Allemands lors de la deuxième guerre mondiale. En dépit du fait que ces jeunes êtres sont emmenés vers la Vallée des Ossements et le four crématoire, ils ne sont pas morbides. Au contraire, ils vivent les quelques heures qui leur restent en imaginant toutes sortes d'aventures, d'escapades; leur fantaisie domine à tous égards-- avec verve, humour, et ironie.

C'est le frère adoptif d'Atlan, Bernard Kuhl, qui lui a donné le ton de *Monsieur Fugue*, bien avant qu'elle n'ait commencé à écrire. Elle avait quinze ans, lui dix-neuf, il revenait d'Auschwitz, il racontait comment les êtres les plus civilisés pouvaient devenir des bêtes féroces, pour un bol de soupe, comment, même là-bas, on pouvait rire: elle n'a pas encore réussi à transmettre tous ses récits. Son oncle Joseph, simple d'esprit, a lui aussi joué un rôle dans l'élaboration de la pièce. Il jouait, avec elle et 'sa soeur',

---

1. Bettina L. Knapp, *Off-Stage Voices*, p. 128.
2. Antonin Artaud, *Le Théâtre et son double*, IV,p.122.

21

comme un enfant, mais pendant la fête du Seder (de la délivrance), il criait: -'Mamzer! Mamzer!' (Bâtard). Il était venu les voir à Monaco où ils s'étaient réfugiés; le dernier souvenir qu'elle ait gardé de lui, c'est son sourire, sa certitude de revenir bientôt. Il était retourné à Marseille, pour chercher sa mère, ils ont tous été raflés, et aucun d'eux n'est revenu. On ne peut non plus négliger le rôle joué par l'écrivain André Schwarz-Bart, qui lui a raconté l'histoire de Janosh Korczak, directeur d'un orphelinat dans le ghetto de Varsovie: 'il accompagna les enfants jusqu'à la chambre à gaz, sans y être contraint. Il leur raconta des histoires jusqu'à la fin.'

Les histoires d'Auschwitz se sont intériorisées à tel point chez Atlan qu'elle en est arrivée à ressentir les choses comme si elle avait elle-même été déportée. Depuis des années, elle essayait de les écrire et n'y arrivait pas. Elle se reprochait de ne pas les avoir vécues. Elle voulait exprimer quelque chose qu'elle ne pouvait pas encore articuler, peut-être était-ce trop pénible, le fait que par un hasard incroyable, elle était vivante alors que tant d'autres ne l'étaient plus.

Un soir, elle tomba sur une phrase du Talmud qu'elle avait notée: 'Depuis la destruction de Temple, la prophétie a été donnée aux enfants, aux oiseaux et aux fous,' Puis elle lut, dans l'Anthologie juive d'Edmond Fleg, que des juifs, des hassidims, descendirent des trains, à Auschwitz, et chantèrent jusqu'à la chambre à gaz. Elle eut l'idée de centrer toute une pièce sur ce si court trajet. Puis elle alla voir *Oh Les Beaux Jours* de Samuel Beckett, montée par Roger Blin. C'était l'époque en France où il y avait des gens de théâtre qui vous coupaient le souffle-- Madeleine Renaud, Blin, Beckett. Atlan se sentait ridicule, et inutile.

Elle avait décidé de ne plus écrire, de devenir représentante de commerce, elle essayait de vendre des produits ineptes lorsque soudain, elle eut une sorte d'éblouissement, retourna dans la chambre de bonne bruyante qui lui servait de bureau, et se mit à écrire. Les choses venaient d'elles-mêmes: un ghetto finissait de flamber, des enfants sortaient des égouts, on les enfermait dans un camion, etc. 'Je n'avais pas besoin de construire, tout venait de soi-même, il suffisait que je travaille sans m'arrêter,' me dit-elle. 'Le point de départ était *juste*. La pièce vivait d'elle-même.' En huit jours elle fut terminée.[3]

*

Atlan tisse son drame basé sur une incroyable réalité. Son dialogue est dépouillé d'embellissements, abrasif et brûlant. Ses paroles répandent l'amour. Ses locutions imagées atteignent une dimension cosmique, les

---

3. Liliane Atlan, *Interview* 30 avril, 1983 (sur bande).

oiseaux, les montagnes, les espaces illimités remplissant la scène, nous détachant de cette réalité fragile et périlleuse. La sensibilité dont la pièce est empreinte émeut et touche tous ceux qui participent à ce spectacle.

Le rideau se lève et nous voyons 'La bouche d'un égout. Les ruines d'un ghetto. Des barbelés. Des flammes.' Depuis huit jours, ce ghetto flambe. Les rats qui l'habitaient sont morts. Ceux qui se sont enfuis vers la forêt, nous les avons repris et expédiés à Bourg-Pourri. Ceux qui restaient dans les égouts, nous avons lâché les eaux sur eux....'[4]

Quatre soldats vêtus de vert attendent. Leur travail, nous l'apprenons plus tard, est de conduire leur marchandise humaine à la Vallée des Ossements où ils enterreront tout ce qui reste encore en vie. En dépit du fait que le commandant ne croit pas qu'il y ait des survivants, un de ses soldats, Christophe, est certain qu'il y en a. Il demande à Grol, un autre soldat, de faire le mort. On lui met un peu de pain et des cigarettes dans la poche. Peu de temps après, on entend un camion s'éloigner. Soudain on voit le couvercle d'un égout qui se soulève un tout petit peu, puis davantage. Quatre enfants apparaissent, 'les visages terreux et hâves de Yossele et Raïssa. Ils sortent sans rien dire. Ils rampent. Ils doivent faire penser à des oiseaux de nuit, et surtout Raïssa. Puis sortent des égouts Iona (serrant contre lui une poupée morte, terreuse, la tête immense, les membres grêles, une poupée qui leur ressemble), et Abracha: visages terreux, haillons, yeux fous. Yossele et Raïssa ont vu le pain, ils se l'arrachent sans rien dire. Abracha et Iona dévalisent Grol en silence, lui prennent ses bottes, voient le pain, se jettent sur Yossele et Raïssa, dévorent, tout en guettant, collés au sol' (p. 14).

Ces enfants ne sont pas de vrais enfants. Ils ont souffert d'une façon tellement aiguë qu'ils ne ressemblent plus à des enfants. Iona serre sa poupée Tamar. La vraie Tamar avait quatre ans, elle est morte au ghetto. Mais elle n'est pas vraiment morte pour ces enfants; elle vit chaque fois qu'ils la font parler; chaque fois qu'on imagine qu'elle ouvre la bouche. On l'étreint davantage; on l'aime encore plus. Les enfants-- plutôt des animaux, des formes--rampent sur scène; leurs yeux fixant, parfois stupéfaits, à d'autres moments hébétés. Ils rôdent autour de ce lieu, se battent pour la croûte de pain qu'ils voient dans la poche du soldat qui fait le mort. Ils dévorent le pain. Iona s'arrête. Il prie. Abracha, miné par la maladie, tousse en marchant. Les enfants ne savent pas qu'on les observe. En voyant Grol sur le sol, ils pensent qu'il est mort et s'emparent de ses bottes. Ils se servent de mots cruels et poignants. Subitement, Grol se léve. Les enfants s'arrêtent, se blottissent les uns contre les autres. Il leur dit que c'est lui qui a mis le feu au ghetto; que c'est lui qui faisait le mort

4. Liliane Atlan, *Monsieur Fugue*.

afin de les attraper. Maintenant, dit-il, il promet de les emmener dans la forêt. 'On aperçoit la gueule du camion sur la scène. Les enfants reculent, serrés, compacts, toujours plus loin de Grol' (p. 15).

Le commandant arrive. Ils vont rejoindre leurs parents, dit-il aux enfants; et il leur fait savoir qu'il y a de la nourriture qui les attend dans le camion. Il leur dit de monter. Les enfants refusent de bouger. Les soldats les y obligent. Grol monte derrière dans la cabine vitrée, avec les enfants, en dépit de ce qu'ordonne le Commandant. 'Je pourrais vous faire fusiller sur place,' lui dit-il. Mais Grol ne répond pas. 'Considérez qu'il fait partie de la race inférieure,' crie le Commandant aux autres soldats. On appellera Grol, dorénavant, Monsieur Fugue. Il restera avec les enfants jusqu'à ce qu'ils arrivent dans la Vallée des Ossements, le trajet devrait durer une heure, mais on ne sait vraiment pas, tant le brouillard est épais.

Le camion commence à rouler dans le brouillard; tout un monde va jaillir sur scène-- fruit de l'imagination de ces enfants qui n'ont jamais vécu. Pendant le trajet ils vivront toute une vie: de l'enfance jusqu'à l'âge adulte, faisant face également à la mort; et ceci en dépit du fait qu'ils ne connaissent pas vraiment ce dont ils vont parler. Ils ne font qu'imiter, mimer ce qu'ils ont vu et entendu autour d'eux: leurs parents, grands-parents, frères et soeurs aînés, et d'autres. Et en jouant, ils rient, pleurent, se moquent, plaisantent.

Tout d'abord ils questionnent Grol. Ils veulent savoir pourquoi il est avec eux et non pas avec les autres soldats. 'Les gens disent que je suis un peu fou, je ne sais pas,' répond-il. Les enfants veulent que Grol parte. Ils veulent être seuls. Mais Grol ne bouge pas.

Iona *(comme envahi par la poupée)*: Est-ce que Tamar peut s'asseoir?
Raïssa: Oui, elle peut. Ici, tu peux.
Abracha *(à Tamar)*: Et tu peux même faire du bruit. Tiens, joue avec ça. *(Il lui donne une botte de Grol.)*
Iona *(tremblant)*: Elle veut pas jouer.
Raïssa: Elle a encore pris la crève . . . .
Iona: Je sais pas. Elle a vomi du sang. (pp. 20-22)
 Grol parle à la poupée; il lui raconte une histoire pour qu'elle pense à autre chose qu'à l'horreur de la situation présente.
Grol *(à la poupée)*: Il y avait une fois un camion. On l'appelait la Terre. Elle roulait, vers le fossé. Les chauffeurs, depuis longtemps, n'essayaient plus de l'empêcher. (p. 23)

Cette histoire de Grol s'éloigne trop de la réalité pour les intéresser. Il changera de sujet. Il parlera de son passé, de sa peur, de la mort, de la façon dont il a mis le feu au ghetto, comment il a blessé tant de personnes, et comment il a attendu que les enfants émergent des égouts. Les enfants sourient. Enfin il raconte la vérité. Il y a un lien entre eux: 'Tu dois être un peu fou, Monsieur Fugue, on veut bien de ta chemise', dit Yossele (p. 25).

La réalité des enfants se fait jour. Endurcis par les cruautés qu'ils ont connues, chacun d'eux désire la tendresse, la compassion mais lucide, rigoureuse. Chaque fois que la vraie vie se présente, inéluctable, atroce, sordide, ils inventent, leur imagination prend son essor.

Yossele: Commence par elle, c'est Raïssa, ma fiancée. On n'est pas vieux, mais comme on va mourir, Iona nous mariera. Iona, c'est lui, il connaît toutes les prières. Il disait celle pour les morts pendant que nous on leur prenait leurs frusques. Comme ça, on leur faisait pas mal. (p. 26)

Puis Yossele raconte la fin prématurée de la petite Tamar.

Yossele: Elle a passé deux ans dans une armoire, elle ose plus s'asseoir ou se lever sans demander la permission. On la cachait chez des voisines, c'est pour ça. Et puis les voisines sont mortes. Abracha, c'est lui, il est allé chercher Tamar et sa poupée, on l'a prise avec nous. Abracha, vu sa taille, il pouvait se faufiler partout. On a passé des armes, des faux papiers, de tout. C'est comme ça qu'on mourait pas. Tamar, elle a pas pu. On l'a couverte avec des vieux journaux, ils sont venus la mettre sur la charrette, mais Iona a repris sa poupée, et Tamar a fait de nouveau la navette avec nous. Et puis, il y avait plus personne à qui passer tout ça, on est sorti de cet égout parce qu'on avait trop faim. (p. 26)

Un des soldats leur jette un peu de viande par les barreaux. Les enfants se l'arrachent, le mangent. Iona fait sa prière. 'Bénis sois-tu, Maître des Mondes, merci pour cette viande' (p. 26). Mais Abracha, lui dit 'merde aux prières' (p. 27). Monsieur Fugue refuse de manger la viande. Peut-être n'est-elle pas bonne, se disent les enfants. Mais ce n'est pas pour cette raison qu'il ne la mange pas. Abracha est soudainement pris de tremblements. Ça dure parfois toute la nuit, dit Yossele. Tremblant encore, Abracha compare Monsieur Fugue à son grand-père, 'un fou aussi qui priait, qui priait mais on l'a mis dans la file de gauche, et quand on a tiré sur lui ... et quand on a tiré sur lui... Il est mort, parbleu!' (p. 28).

Les enfants auront du chocolat, leur disent les soldats, comme dessert. Les enfants éclatent de joie. Les soldats prennent le chocolat et le jettent en dehors du camion. 'Les enfants écrasent leur visage contre les grilles. Christophe rit' (p. 28). Abracha remercie Dieu très vite parce qu'il n'a 'pas voulu que nous mangions du chocolat. . . La machine à prières s'est cassée, Iona?' (p. 29).

Monsieur Fugue leur explique que ce n'est pas dieu qui fait la guerre mais les hommes. Il leur raconte l'histoire du capitaine fou qui dirigeait son bateau vers les rochers et qui maudissait les rochers parce que son bateau se cassait. Mais les enfants ne savent pas ce que c'est que les rochers. Comment le leur expliquer? Ils n'ont jamais vu de rochers, ni de mer.

Fugue: Les rochers, ma foi, c'est difficile à dire. Ce sont des choses dures, la mer vient s'y briser. Elle ne meurt jamais, le rocher non plus. Il s'use un peu, c'est tout.

Et le matin, la nuit, les oiseaux de mer viennent s'y regrouper. Ils ont de grandes plumes blanches et chaudes, ils viennent de très loin, d'une terre tombée depuis longtemps, ils ont des voix cassées et rauques, ils racontent des histoires d'amour oubliées depuis des millénaires, eux-mêmes ne les comprennent pas, puis ils repartent, de nouveau solitaires. (p. 30)

Les enfants trouvent Monsieur Fugue bête parce qu'il croit 'aux choses merveilleuses' (p. 30). Eux racontent leurs histoires. Abracha parle de son frère qui venait de se marier et qui n'a pas hésité à donner sa femme à l'ennemi quand il est arrivé (p. 31). Monsieur Fugue poursuit ses contes également. Il parle 'd'oiseaux blancs qui viennent d'un autre monde où les camions n'existent pas' (p. 31). Son histoire est bête, lui disent-ils. Eux, ils racontent des histoires scabreuses et cruelles qu'ils ont entendues çà et là. Raïssa raconte l'histoire 'du danseur qui récitait des psaumes.'

Raïssa *(elle mime):* Les soldats tapaient dessus, et lui, il dansait, comme ça, il était maigre et vieux, si maigre qu'on entendait ses os claquer. Il fermait les yeux, penchait la tête comme à la schoule quand on prie, tu sais, comme ça, et il se balançait, il sautillait, et les soldats tapaient comme des fous, ils étaient rouges, ils avaient bu, *(Abracha et Yossele miment les soldats)* plus il sautait, plus on tapait dessus. Il récitait des psaumes, ceux des prières du Grand-Pardon. Ani Keli malé boucha, je suis un vase plein de merde, et il bavait, je te jure, il bavait *(Elle le fait, les autres rient.)* (p. 32)

Le voyage en camion poursuit son cours. Les enfants ne voient que les cruautés de la vie dans le ghetto; le côté sordide. Ils ricanent; ils raillent; ridiculisent tout ce qu'ils ont vu et appris. Fugue, par contre, parle de ces grands oiseaux blancs qui volent dans une autre sphère--sur la mer. Lui, il parle du sublime. Cette juxtaposition entre les escapades décrites par les enfants et la beauté poétique du monde imaginée par Fugue, ajoute une dimension à l'oeuvre, une profondeur, une vision poignante. Les enfants décrivent de nouveau ce qu'ils ont entendu et entrevu derrière les portes, les murs; tout un monde caché, mystérieux. Les idées philosophiques et religieuses, mal comprises par les enfants deviennent également objet de jeu.

Le camion s'arrête. Les enfants sont obligés de descendre. Mais Fugue refuse: Ils ne sont pas encore arrivés à Bourg-Pourri. Christophe, l'un des soldats, lui 'donne un coup de crosse, il ne bouge pas' (p. 72). On l'oblige à sortir et à danser. Il le fait. 'Eh bien, chauve-souris, tu chantes?' commande Christophe à Raïssa. Elle ne bouge pas. Encore un coup de crosse à Fugue.

Raïssa: *(elle chante; voix cassée):*
Rien n'est durable que l'érosion
Voici le code
Tu souriras
Même si vivre te fait mal
Sourire tu souriras . . . (p. 72)

C'est une chanson qu'ils chantaient dans le ghetto.

26

Ils remontent dans le camion. 'Et qu'on se taise. . Je ne veux plus entendre rire' (p. 74) dit Christophe. Il est jaloux du bonheur des enfants. Les enfants poursuivent leurs jeux en dépit de ce qu'a ordonné Christophe. Ils marchent sur le sable, se baignent dans les mers, traversent des forêts, voguent dans les cieux, les nuages, les espaces et planent avec les oiseaux. On entend la voix des soldats, de plus en plus furieux. 'Je la tuerai vivante', s'écrie Christophe (p. 75) tant il est en rage contre les rires qu'il entend. Des histoires de mouettes, de tempête-- 'quelle merveilles, les tempêtes! (p. 79). Ils abordent la mort de nouveau en parlant de Tamar. Mais Monsieur Fugue leur dit que 'La mort ne fait pas mal. Elle voudrait partir, nous lâcher. Mais elle s'est empêtrée dans nos manteaux, des monceaux de manteaux, de chaussures, de choses, tout ce qu'on doit laisser' (p. 85). Ils s'en vont vers la Terre Promise. Christophe donne l'ordre d'arrêter le camion. Les enfants l'entendent, Yossele décide de se marier, tout de suite, avec Raïssa. Ils se préparent, pour le mariage. Lorsqu'ils sont prêts, le camion s'arrête. Les enfants doivent sortir de nouveau. On demande à Iona de creuser un trou. Il le fait et de sa voix faible récite 'Bénis sois-tu, Maître des Mondes qui fais tanguer notre bateau, avec tous ces millions d'étoiles. . .' (p. 96). Christophe le frappe: ' Creuse, Rabbin. Plus vite' (p. 96). Iona gémit. Les enfants dansent une ronde en chantant: 'Rhevlet maschiar ' (p. 96). Christophe exige que Iona descende dans la fosse. Les enfants s'arrêtent de danser.

> Christophe: Allez, encore une prière, la plus belle, mulot. *Il frappe. Iona gémit. Cris rauques des enfants.* (p. 97)

Christophe tire sur Iona. Il meurt.

Les enfants remontent dans le camion. Ils sont vieux, subitement, c'est à dire qu'ils vont maintenant vivre la vieillesse en la jouant. Leurs vies se sont écoulées. 'J'en ai assez de mon cancer,' dit Yossele. 'ça fait du bien de s'en aller,' dit Raïssa. 'Ils psalmodient tous à la fois, sur des tons, des rythmes différents' (p. 105). La vie devient plus supportable à travers ces histoires et quand vient la vraie tragédie, peut être est-elle moins cruelle. Ils sont arrivés à Bourg-Pourri. 'Les bûchers du dernier convoi ne sont pas encore éteints' (p. 109). Les enfants jouent encore, jusqu'au dernier moment. Maintenant c'est le rite de la mort: le décès du grand-père. 'Il sourit comme s'il était content de la quitter, la terre. Il s'en va doucement,' dit Raïssa (p. 111). Elle demande à Yossele de lui donner son chapeau, 'Celui des jours de fête...c'est l'heure' (p. 111). Yossele, de plus en plus faible, commence à chanter. Les soldats l'emportent, l'abattent, devant la fosse où il meurt. Puis, Monsieur Fugue, croyant aux promesses des soldats--ils lui ont dit que s'il faisait le chien, les enfants seraient libérés--rampe comme un animal, aboie. Les enfants en savent plus long que lui; ils savent ce que le sort leur réserve. Ils suivent les soldats. Abracha, souriant tristement, leur dit: "Oh, tu sais dans un lit ou dans une vallée!'(p.122).

Unique au théâtre, *Monsieur Fugue* est inoubliable. Tout y est extraordinaire et tout y est ordinaire. La scène se passe en Allemagne, mais elle pourrait se passer n'importe où, à n'importe quelle époque. Sa dimension est mythique; sa vérité presque insoutenable; néanmoins, cela fait rire; d'un rire noir, confinant au rictus: ce pli que prend la bouche quand ce qui a été vécu est traumatisant.

Un chef-d'oeuvre, ont dit les critiques. Au dire de Jean Duvignaud, écrivant dans *La Nouvelle Revue Française:* 'L'inspiration de *Monsieur Fugue* est de faire jouer la vie par des enfants condamnés à mort. Et de leur faire jouer une vie qu'ils ne connaissent que par les conversations banales de leurs parents, morts avant eux. Le plus saisissant tient sans doute à la force de ce dialogue, dur, sans fioriture, jamais sentimental, volontiers trivial même. Cela donne à penser qu'on se trouve avec Liliane Atlan en présence d'un véritable écrivain de théâtre' (p.341).

Certains spectateurs qui ont vécu dans des camps de concentration ont été bouleversés par la vérité des jeux des enfants. Un homme de Haifa, né à Varsovie, par exemple, était certain que Liliane Atlan était l'une des rescapées. Mais d'autres considéraient que traiter un tel sujet au théâtre était impardonnable. Pour Atlan, *Monsieur Fugue* reste l'intuition intime de l'angoisse existentielle. Elle tient sa force de ce que cette angoisse est exprimée par des enfants, en jouant, en souriant, en imitant la vraie vie, sans arabesques, sans idées préconçues--réellement, profondément.

LES MESSIES OU LE MAL DE TERRE
(1969)

Les Messies est une pièce à dimension cosmique: 'L'action de la pièce est perdue dans les immensités. Pénombre étoilée' (p. 20). Idéalement, l'espace scénique devrait inclure le théâtre en entier: être façonné comme une voûte céleste. Atlan voudrait que sa pièce soit jouée dans un planétarium ou dans un théâtre construit selon ce plan architectural.

Parce que *Les Messies* comprend quatre sphères (celle de Dieu, des Messies, le royaume du dramaturge et de son cortège, et la terre), l'univers entier se met à vivre. Des galaxies et des sphères de toutes sortes apparaissent comme si elles étaient suspendues dans les espaces. Le cadre de référence du spectateur est donc élargi, le plongeant parfois dans un abîme ou dans les cieux, à la dérive, dans un temps/espace cyclique, mythique et non linéaire. Désorienté, énervé, le spectateur connaîtra le vrai vertige--peut-être celui du mystique.

Les quatre royaumes implicites dans *Les Messies* pourraient être décrits de la façon suivante:

1. Le domaine du deus absconditus: invisible, inaccessible mais toujours présent. La sphère où règne ce dieu qui reste toujours insaisissable, évasif. Son existence réside uniquement dans l'impression qu'il évoque. Sa présence sur scène n'est pas concrète. Le spectateur le connaît uniquement par sa force, par son représentant, l'Inspecteur, qui arrive, porté par des anges invisibles; c'est ainsi qu'il s'introduit dans le spectacle.

2. Le domaine des Messies est la sphère la plus importante de la pièce. C'est ici que l'action a lieu. Il doit donc donner l'impression d'être immense, entouré de planètes et de galaxies mobiles, chacune suspendue au hasard dans l'air, donnant l'impression d'être détachée mais en même temps fixée pour l'éternité. 'La planète des Messies: un escalier de bois en spirale, tenant d'une coquille et d'une mappe-monde. Comme perdue dans les immensités. . . Les Messies sont amarrés par une corde qui s'enroule autour d'eux et pend' (p. 18).

3. Le dramaturge et son cortège apparaissent à un niveau plus bas. Ils ressemblent à un groupe de flagellants au Moyen Age et répandent autour d'eux une atmosphère de détresse, de maladie, de morosité. Une Nef des morts navigue sans but à travers l'espace, espérant trouver un asile quelque part, mais ne pouvant jamais réaliser ce rêve. Les déchets humains, mutilés et torturés, chantent leurs chansons, revivent leurs vies; ils sont comme des émanations issues d'un endroit insalubre et méphitique.

4. La Terre émerge. 'C'est un vrai personnage,' écrit Atlan (p. 16). 'Elle est faite d'ossements, dont certains semblent des gratte-ciel. Des grappes de jambes, emmêlées, la tirent dans tous les sens. Des mains sortent d'elle, par nuages. Elles brandissent des couteaux, ou prient ou luttent, ou se caressent, frénétiques. Ses têtes sont enfouies. Une rumeur sort d'elle, le cri que font, mêlés, les cris de toutes les espèces. Dominante: un bruit de chose à bout de souffle' (p. 16).

Un sentiment de désorientation et de vertige envahit la scène, augmentant le sentiment de malaise qui domine le spectateur. Les corps astraux deviennent des protagonistes dès que la pièce commence; chacun jouissant d'une personnalité à soi, agissant et réagissant d'une façon brutale ou douce selon les incidents vécus sur scène. Peu à peu la peur et l'angoisse de la séparation s'emparent des protagonistes ainsi que des spectateurs et la validité des anciennes croyances est mise en question. Qu'est-ce que le cosmos? Qui sont les Messies? Une illusion? Une réalité?

Les Messies tente une destruction idéologique de tout ce qui a été ancré chez l'individu depuis des siècles: credos, rapports entre les pays, entre les êtres.. Mais cette destruction exige une reconstruction qui suivra dans les oeuvres à venir d'Atlan, car dans *Les Messies,* on trouve le germe d'autres idées qui seront dramatisées par la suite. Atlan abhorre les réponses toutes faites, héritées des ancêtres. Ils les ont suivies comme des automates, à la lettre, afin d'apaiser leur sentiment de culpabilité, afin de faire disparaître leur angoisse et briller un espoir toujours illusoire. Cette attitude rend l'être humain capable de vivre avec lui-même; d'accepter sa propre passivité vis-à-vis des événements auxquels il a donné loisir de se manifester et même de le dominer.

Ce qui préoccupe Atlan c'est la notion du temps, que Samuel Beckett appelle 'that double-headed monster of damnation and salvation--Time.' Une telle *complexio oppositorum* (en faisant allusion au temps cyclique par opposition au temps linéaire) est, au dire de Beckett, un 'agile monster of Divinity: Time--a condition of resurrection because an instrument of death.'[5] *Les Messies* est une oeuvre ancrée dans l'histoire, l'événement, le moment; il est donc 'time-ridden.'[6] Mais il est également mythique: dépassant les limitations et permutations qui se diffusent petit à petit dans l'éternité.

Comme dans *Le Balcon* de Genet, Atlan confronte deux mondes: l'image et le reflet. Elle décrit dans *Les Messies* des êtres vivants sur une planète perdue dans les immensités, qui nous ressemblent en tous points. Sa conclusion ressemble à celle de Montaigne: l'imagination de l'homme est peut-être trop limitée pour pouvoir concevoir autre chose que ce qu'il connaît, surtout lorsqu'il s'agit de divinités. Tout ce que nous pouvons espérer créer serait alors une image et son reflet, le double de ce que nous savons, philosophiquement, politiquement et spirituellement parlant.

Le mythe du Messie, qui prédit le règne universel de Dieu sur terre et la rédemption de l'être humain, est fondamental dans le Judaïsme. Le mot Messie, en hébreu Mashiah, désigne une personne qui détient un poste divin: roi, prêtre, prophète. Le mot Christ est la traduction grecque du nom hébreu. A noter qu'en hébreu, le mot messie est parfois employé au pluriel. On dit qu'il existe un messie pour chaque génération, qu'elle a celui qu'elle mérite, Il apparaît comme celui qui apportera au peuple juif sa délivrance, à l'homme sa pleine réalisation dans le salut.

Ceux qui ont été sacrés 'messies' se sont manifestés quand la vie politique, économique, spirituelle d'un peuple touchait au plus bas; quand l'être humain cherchait à être délivré de ses iniquités. Parmi les

5. Sheighle Kennedy, *Murphy's Bed,* p. 50.
6. *Ibid.,* p. 33.

époques où le messianisme a battu son plein on peut citer la captivité des Hébreux à Babylone (586 avant notre ère, le règne d'Hérode (37-4 avant notre ère), la Grande Révolte contre Rome (Massada, 66-70 avant notre ère), et les révoltes de Bar Kokba (132-5 avant notre ère).[7] La tradition messianique juive s'épanouit pendant ces périodes cataclysmiques quand la terreur annonçait, croyaient-ils, le Jugement Dernier. Flavius Josèphe, dans son livre, *La Guerre juive*, mentionne plusieurs sectes qui attendaient l'arrivée du Messie et qui voyaient dans les atrocités perpétrées autour d'eux "les douleurs de l'enfantement" annonciatrices de l'avènement du Messie. C'est ainsi qu'ils expliquaient parfois les mutilations affreuses qui eurent lieu lors des Croisades, en Europe et en Asie Mineure, ainsi que dans les communautés de la Diaspora; les autodafés et autres massacres pendant l'inquisition en Espagne, les progromes de Russie et pire encore, le régime d'Hitler en Allemagne. Cette souffrance que les Juifs ont connue à travers l'histoire a intensifié le désir, la fièvre messianique. Le Sionisme est en grande partie le résultat de cette poussée messianique judaïque--l'espoir d'un avenir meilleur.[8]

L'attitude d'Atlan au sujet de la question messianique est ambivalente. C'est un fait que de grands hommes ont vécu sur terre: Moïse, Jésus, Bouddha, Mahomet et d'autres. Mais il est illusoire de croire que ces hommes ont résolu les problèmes auxquels s'affronte l'être humain. Disons ici, également, que le concept messianique chez les Israélites et les Chrétiens est tout à fait différent. Pour l'Israélite, le règne du Messie aura lieu dans une vraie communauté, c'est à dire, sur la terre. Pour le Chrétien, le Messie est venu et l'homme connaît déjà la rédemption; il régnera spirituellement dans une sphère invisible, de la façon décrite par Saint Augustin dans la *Civitas Dei*.[9]

Les Messies d'Atlan étonne, meurtrit, fâche, et en même temps peut également encourager un approfondissement de ce concept car il révèle des vérités universelles qui jusqu'ici ont été cachées. Même le décor représente quelque chose de mystérieux; baigné d'une dimension historique qui dépasse l'existentiel, il fait penser aux mansions médiévales: ces décors simultanés utilisés par exemple dans la *Passion* d'Arnould Gréban, ou *Le Mystère Saint-Martin* par Andrieu de la Vigne. A ceci on ajoute pour *Les Messies* toutes les nouvelles techniques mécaniques: radio, jumelles, lumières psychédéliques, galaxies mobiles, bruitages, etc. Une telle fusion de conventions théâtrales nous donne l'impression d'espaces infinis--de verticalité et d'horizontalité illimitée--et

7. Gershom Scholem, *The Messianic Idea in Judaism*, p.5.
8. Hugh Schonfeld, *The Passover Plot*, p. 15.
9. *The Messianic Idea*, pp. 33-50.

nous impose une sensation de flottement, de malaise, d'insécurité.

La lumière, parfois forte et abrasive déroute le spectateur ainsi que les protagonistes qui perdent leur orientation. La lumière coupe la continuité de l'action, elle suscite également une condition de fixité psychologique, intellectuelle, et spirituelle. L'éclairage semble descendre sur la scène comme des vagues, des torches flamboyantes, alternant avec des teintes pâles; les feux vibrent, tremblent, ouvrant toute une perspective de joie, de frénésie, d'angoisse, de sensualité, de solitude. Parfois l'éclairage annonce des déluges, des éruptions, des raz-de-marée, des tornades, des guerres, partout un jeu de lumière complexe qui se greffe sur les événements pendant que le drame suit son cours.

Le langage chez Atlan devient également objet; il concrétise non seulement l'événement qui se déroule sur scène, mais l'émotion et tout ceci de façon viscérale. Le mot varie selon son intensité: il est parfois violent, brutal, métallique: 'sa plume grince. . . tragique . . .grincement. . génial...grincement...pacotille...grincement prolongé...' (p. 38). A d'autres moments, doux, tendre, aimant, caressant. La variété remarquable des sonorités vocales des acteurs fascine ou repousse les spectateurs. Les Psaumes, litanies, prières, sont autant de manifestations d'hostilité ou d'amour, de détresse ou de cajolerie: 'dieu. . . bonté. . . respectable . . . décorée . . . couteaux . . . violée . . . ma bonne. . . mes robes. . . propre. . . argent. . . sueur. . . gagné. . . maladie. . . résignée. . . ronge. . . errer. . . errer. . .' (p. 85). Atlan réussit ces miracles verbaux en se servant de toutes sortes de figures de rhétorique (métaphores, allitérations, répétitions, énumérations, anaphores, onomatopées, etc; des jeux de mots, de l'argot, des grossièretés et aussi un parler élégant, accentuent l'atmosphère de vénération mais aussi de dégoût à l'égard du statu quo).

> Et le miracle n'a pas cessé
> Un jour tu meurs
> Un jour tu renais
> Tu joues ton Mystère
> Et puis tu disparais
> Le soir il faut tomber
> Mais dans l'éternité
> Je meurs
> Pour me renouveler (p. 122)

Ainsi, le spectateur se rend compte que les concepts, dominés par la pensée religieuse pendant des milliers d'années, et considérés comme intouchables ou sacro-saints, ont maintenant été renversés ou du moins, doivent être réévalués.

Les rythmes sont également importants dans Les Messies car ils aident à créer l'atmosphère de stabilité et de conformité ou, au contraire, de permutations volcaniques ou traumatisantes. Le changement de mesures détruit toute possibilité de continuité, de fixité, de stabilité, au niveau du moins de la pensée, de l'émotion et certainement du jeu visuel. Les rythmes accompagnés de l'éclairage dynamique et imaginatif, augmentent l'aspect poétique de la pièce et nous font penser aux écrits du poète américain Vachel Lindsay: les mots deviennent l'accessoire du rythme, de la rime, de la musicalité; les effets auditifs font naître les gestes et augmentent la viscéralité des événements sur scène.

> Livres des Signes. Désastres d'éléments... les tourbillons de pierre... les collisions d'étoiles... les pluies de cendre...quand la planète devient froide... bref, les simples, quand tout se casse: cela concerne les Messies élémentaires, ceux qui ont prise sur les éléments...Désastres d'âme, raz-de-marée de rage, trombes d'inconscience, rafales de sainteté, aridités d'intelligence, anémies de la foi...Désastres d'âme provoqués par les désastres d'éléments...révolte...adoration...désespoir...cela relève des Messies borgnes, ceux qui voient la cause du malheur dans le dehors des hommes...Désastres d'éléments provoqués par les désastres d'âme: apocalypses. (p. 55)

Le masque, 'le plus ancien symbole de l'aliénation,' est également utilisé dans *Les Messies*. Il permet aux protagonistes de se dépersonnaliser, de s'émanciper intellectuellement, affectivement et ainsi de pénétrer dans le domaine mythique.[10] Objet mystérieux, sorte de totem, instrument de transformation, le masque est imbu d'une puissance sacrée. Quand, par exemple, toutes sortes de tueries ont lieu sur terre dans la pièce d'Atlan, les Messies mettent leurs masques de sang et le rituel peut alors commencer. Quand ils parlent, dans un autre passage, de leurs actions, des événements terrestres, leur masque reflète les événements, les attitudes tragiques et comiques qu'ils décrivent. Il y a peu de ressemblance entre la façon dont Atlan se sert du masque et, par exemple, la fixité du masque Nô. Chez elle, les sentiments et l'atmosphère se transforment constamment et le masque exprime cette alternance entre la rage, l'impuissance, la terreur, la haine, et l'amour. Il est aussi le moyen d'éluder la réalité.

Les sept Messies qui figurent dans la pièce d'Atlan, sont irrévérencieux. Ils choquent; ils sont également pathétiques. Ils ne sont pas majestueux et imposants, ni révérentiels, ni gentils ni bons comme nous le font croire les livres religieux, les tableaux béatifiques, les oratorios, les messes, et ainsi de suite. Par contre, ils sont spectaculaires dans leur stérilité, dans l'ossification de leurs pensées, et par leur faiblesse et leur passivité.

Ces Messies, envoyés par Dieu, devaient améliorer les iniquités sur terre et racheter l'homme. Sur scène, on les voit décrépits, séniles, somnolents-- sauf le cadet Benjamin. Atlan les décrit de la façon suivante:

> Les barbes et leurs cheveux tombent jusqu'à leurs pieds. Sauf Benjamin, imberbe.

---

10. Bihaljii-Merin, Oto, *Great Masks,* p. 16.

> Somnolents, assis, gâteux et poussiéreux--c'est leur couleur--ils marmonnent des psaumes comme des manivelles, dans une langue imaginaire, loufoque, où dominent les onomatopées. Les pieds enveloppés dans d'énormes plâtres, les bustes tournoyants et les mains volubiles, ils attendent, depuis des millénaires. (p. 18)

Ils ont tous l'air ligotés; sauf Benjamin qui est libre. On peut, à cet égard noter une analogie avec *Oh, Les Beaux Jours,* de Beckett où la protagoniste est enfouie dans le sable jusqu'à sa taille pendant le premier acte, jusqu'au cou dans le deuxième, soulignant ainsi le passage du temps et la persécution de l'homme par cette force éternelle. Dans la pièce d'Atlan, néanmoins, le temps n'existe pas vraiment, l'espace non plus. Il y a paradoxalement mobilité et immobilité: les deux faisant ressortir la solitude et l'impuissance de l'être humain, ainsi que de leurs Messies.

Les Messies ont l'esprit servile; ce sont des employés dans le vrai sens du mot. Ils récitent 'comme des manivelles leurs bouillies de psaumes: en hébreu, en hindou, en négro-spiritual, en latin, en espéranto.' L'effet est irrésistible. Toute l'histoire de l'humanité est passée en revue au cours de cadences rythmiques: des croix, des mutilations, des insecticides, des messianicides. Chaque fois que les Messies sont descendus sur la terre pour remédier au chaos qui y régnait, la rage des persécutions a suivi.

Ce ne sont pas des instigateurs, ni des forces créatrices, mais plutôt des représentants, des envoyés, des missionnaires prêts à imposer leurs idées aux autres; à annoncer, à répéter ce qu'ils ont appris pendant une éternité. Les Messies d'Atlan n'ont vraiment rien à faire. C'est pour cette raison qu'ils ont contracté la gangrène; ils pourrissent, assis sur leurs tabourets. Cet esprit du *deus ex machina* dont les Messies sont imbus, selon les écrits apocalyptiques, eux qui sont appelés les avant-coureurs de la nouvelle Jérusalem, est ridiculisé et devient une sorte d'absurde conte de fées, triste néanmoins. Mais les contes de fées répondent à une nécessité foncière chez l'être humain; ils sont ' l'expression la plus pure et la plus simple de l'inconscient collectif de la société qui lui a donné naissance et de l'auteur qui a façonné ces contours.'[11] Les panacées offertes à l'homme pendant des siècles et dramatisées dans une variété de mythes messianiques, ne cherchent pas à élever l'être humain, à le libérer, à l'encourager à réfléchir. Au contraire, elles le gardent dans un état de servitude; car le salut (ou la rémission) viendra de l'être humain lui-même, et non pas de l'extérieur.

Chacun des Messies est doté d'une personnalité qui lui est propre. Chacun est encore une sorte d'adolescent, un être en puissance, n'ayant jamais pu remplir sa mission sur terre. Messie-Papa représente l'aspiration patriarcale: 'Un petit vieux, très vieux, aussi vieux que la

11. Marie Louise von Franz, *Interpretation of Fairy Tales,* p. 1, I.

34

Terre. Il l'a vue naître, avec Moïse. Il l'a veillée, couvée de loin, comme une mère-poule. Ce fut sa belle époque, son enfance, il aime en parler. Il aida Moïse, au temps du Pharaon' (p. 8). A cette époque l'humanité était pleine d'espoir, et les prophètes se concentraient sur le bien-être de leur peuple, lui inspirant une plus grande spiritualité, l'encourageant à travailler ardemment afin de créer une nouvelle terre et une culture qui reposerait sur l'abolition des maux. Mais Messie-Papa a échoué: il n'a pas réussi à diminuer la souffrance, ni à mettre fin aux guerres. 'Il soigne maintenant sa messianique et gangrenée couvée, pourrie d'attendre à ne rien faire, sur un tabouret, dans les immensités' (p. 9).

Quant à Moïse, il est décrépit, lui aussi et ratatiné. Jadis grand prophète, faisant partie de ' l'avant-garde,' il est devenu par la suite, pédagogue--et intellectuel souffrant de myopie. Il doute fort de la bonté du Créateur. 'Le Plan, c'est le Cancer: il croît jusqu'à donner la Terre et puis une autre sans fin jusqu'à la fin des mondes qu'il attend et qui ne peut pas être. Il inventa le Tout-Puissant, le dieu-bon-qui-se-soucie des hommes, de leur moralité, comme on fait des coussins pour adoucir le mur et comme on fait des murs pour se garder des chutes. Y croit-il? N'y croit-il pas? Il n'en sait rien lui-même. Cela dépend des jours. Cela dépend de sa faiblesse. La seule chose sûre, c'est qu'il est obsédé. Par Dieu. Il a la Déo-manie. Il l'aime et il en a horreur: les deux pôles du mal de terre.

Messie Lulubre boit et mange beaucoup. C'est un vrai bon vivant. Brutal, fanfaron, il n'est pas très intelligent; il ne réagit qu'à sa propre douleur. Il dit que 'par malheur, à Sodome, il fut traumatisé: lépreux et prostituées le poursuivirent, lui qui leur disait pour leur faire plaisir 'vous allez tous mourir', ils le jetèrent dans une fosse où les rats lui ont mangé les pieds. Il ne s'en est jamais remis. Cette hideuse prostituée, la Terre, le traque jusque dans son foyer. Il se survit dans la terreur' (p. 10). Il est à sa façon un intuitif, car il se rend compte de la folie qui accable l'humanité.

Messie Momie Grognon est égoïste et vaniteux. Il est à blâmer pour la création de l'athéisme. Il aurait voulu être 'le chouchou du Créateur,' occuper la place de Moïse. Il n'a jamais pu pardonner au Créateur.' Il est nerveux. Il déteste réciter les Psaumes, mais le fait par habitude et discipline. ' Lui qui rêvait d'agir, enfin libre de ses mouvements, il ne peut plus rien faire ni se résoudre à rien. Il se contente de ses rêves' (p. 11).

Messie Oeil est celui qui établit les contacts. Il est 'absorbé par sa lunette, existe à peine par lui-même. Il n'est que sa fonction de voir, à longue vue, de ne pouvoir que voir' (p. 11). Il ne fait que raconter ce qui se passe et n'a aucune aptitude pour évaluer ni pour juger les événements, les sentiments ou les personnes.

Messie Radio est presque paralysé. Il reçoit une série de signaux. Ce

35

sont des avertissements de catastrophes à venir ou déjà advenues; des remontrances à l'être humain et aux Messies: 'si l'homme continue à vivre dans la violence, la corruption, la haine . . .' Des rythmes, des vibrations éclatent--frénétiques staccatos, syncopés, etc.--et se font ressentir comme des courants électriques qui se déchargent dans l'espace. Des événements d'une cruauté pénible à supporter émanent de la Terre.

Benjamin est le 'Bébé Nessie.' Il n'est jamais encore descendu sur terre. Il est naïf et crédule. Il n'a qu'un seul désir: bien faire. Il pense qu'il réussira. A quoi? C'est bien là le problème: que faut-il faire? 'Il est dans l'âge bête des messies. Neuf-cents-ans, là haut, c'est la petite adolescence. . . . . Il a de l'enthousiasme, du ressort, la force de l'enfance. Il fera quelque chose. C'est à dire, il en aura l'idée. Passer à l'acte est difficile. Pour un messie, c'est impossible' (p. 12).

Messie Rature passe son temps à écrire l'histoire du cosmos. 'De son dossier de 20,000 milliards de pages, raturées, illisibles, émergent seulement ces mots: . . . je . . . me . . . sens . . . seul et misérable' (p. 12). Il a été finalement, lui-même, raturé.

Peut-être pourrait-on dire que l'idée même de Messie, est révolue. Des millions de Messies ont été appelées par les Terriens; ils les ont conseillés, avertis des cataclysmes à venir. Mais cela n'a servi à rien. Quel est donc le destin des Messies qui se sont sacrifiés pendant tous ces siècles pour l'être humain? La plupart se sont perdus dans le cosmos. Il n'y a plus de Messies pour aider les messies perdus dans les espaces. Le lot des Messies, à la longue, est encore plus pénible que le destin de l'homme.

*

Les Messies est un poème qui exprime la douleur de l'être qui ne comprend pas, qui questionne, qui cherche. C'est un drame mythique, dont le cadre est universel car la pièce touche à la souffrance de tout le monde et à toutes les époques. C'est d'une envergure collective car les idées et les sentiments attisent et embrassent tous les spectateurs et protagonistes d'une façon profonde. Mais *Les Messies* sont caustiques, ils défient les religions organisées, ils attaquent les bases des religions qui dominent le monde. Ils n'offrent aucune panacée. Il n'y a pas d'appels à la compassion d'un Dieu qui permet tant de massacres, tant de cruauté sur terre; ni à celle des Messies qui ne font rien pour améliorer la condition humaine. Et de plus, qui sont les Messies? Y en a-t-il eu? Qu'est-ce que Dieu? Quelle est la Destinée de l'Etre Humain? Sa fonction? Tout n'est-il qu'illusion? Théâtre?

LA PETITE VOITURE DE FLAMMES
ET DE VOIX
(1971)

La Petite Voiture de Flammes et de Voix est également de dimension cosmique car elle invite le public autant que le spectateur ou le lecteur à pénétrer dans un royaume où le temps et l'espace n'existent plus à l'intérieur d'une étendue sans limite. C'est dans ce domaine pléthorique que s'affrontent les forces négatives et positives: les façades sont dépouillées, les masques sont rongés, la dureté de l'os est mise à nu.

Atlan nous dit que *La Petite Voiture de Flammes et de Voix* n'est pas un poème, 'mais l'aventure, le voyage, le combat d'une femme coupée en deux, jetée dans un monde régi par d'autres lois que le nôtre, mais toujours concret et somme toute simple. Il s'agit d'avancer, de ne pas se perdre, de sortir entière et grandie d'une marche à l'intérieur de soi, d'un soi remodelé par un faisceau de flammes et de voix.'[12] Atlan vit l'angoisse de l'époque actuelle à l'état brut dans sa pièce.

La Petite Voiture de Flammes et de Voix est d'une dimension à la fois moderne et ancienne. La pièce est moderne car elle est issue d'un théâtre viscéral; les dernières techniques théâtrales sont utilisées pour extérioriser et concrétiser la souffrance d'une femme à la recherche de son être. Elle est ancienne car c'est dans les textes des mystiques Merkabah qu'on trouve les images utilisées pour essayer de guérir son âme fragmentée et meurtrie.

Le mysticisme Merkabah a ses origines dans les écrits du prophète Ezéchiel du 6ème siècle avant notre ère. Il vécut en exil à Babylone après que ce pays eut détruit Jérusalem. La vision qu'il eut de la divine 'petite voiture trône' (le trône de Dieu ou la Divinité) lui donna la force d'élever la voix pour prévenir son peuple du danger imminent et prophétiser sa rédemption (I: 2: 3).

Les mystiques Merkabah venaient d'une secte ésotérique qui centrait sa doctrine sur la vision de ' la petite voiture trône' telle qu'elle fut vécue par Ezéchiel. Il était d'usage de croire que grâce à certains pouvoirs, disciplines et pratiques ascétiques (un jeûne de douze à quarante jours, etc.), le néophyte pouvait éprouver des vision extatiques; qu'une image mentale apparaîtrait à l'âme alors qu'elle 'montait' (ou 'descendait') à travers les sept sphères célestes jusqu'à ce qu'elle eût atteint la ' petite voiture trône,' ou trône de Dieu. Il ne faut pas juger contradictoire le fait que les mystiques Merkabah présentent leur révélation sous forme

---

12. Atlan, *Interview* (sur bande).

d"ascension' ou de 'descente' de l'âme à travers les sphères cosmiques, puisqu'à l'intérieur même du plérome du mystique qui n'est guère différent, les notions limitatives telles que montée ou descente n'existent pas. A mesure que l'âme traverse ces sept sphères célestes (châteaux, chambres, chemins, etc.), elle est à tout jamais confrontée à différents dangers (démons, gardes, anges démoniaques, serpents, inondations, etc.), chaque obstacle étant placé sur le chemin du voyageur afin de mettre son endurance à l'épreuve. A mesure qu'elle chemine vers son but, l'âme 's'oublie' de plus en plus; elle se débarrasse des habits terrestres, se dépouillant ainsi de tout encombrement matériel. Fortifiée par les épreuves qu'elle endure, elle acquiert le courage de briser les 'sceaux' et forcer les 'portes closes.' Elle n'est pas 'entraînée dans le feu et les flammes, ni au sein de l'orage. . .' Dès qu'elle aperçoit la divine 'petite voiture trône' elle est soumise à une transfiguration mystique. Il est important de remarquer que le mystique Merkabah, même à l'apogée d'une passion extatique, conserve son identité et demeure 'à l'extérieur' de sa vision, puisqu'il peut entendre et voir 'la petite voiture trône.'[13] Il n'y a aucune dissolution de l'ego ni aucune fusion entre l'individu et le collectif.

La pièce de Liliane Atlan *La Petite Voiture de Flammes et de Voix* est remplie d'images originales issues du mysticisme de la Merkabah: la voiture, le feu, l'eau, les chambres, les démons, les palais, les scorpions, les serpents, tous entremêlés dans une allégorie moderne à d'autres images: gratte-ciel, hyènes, étoiles, etc. A plusieurs reprises, Atlan intensifie l'impact de ces configurations verbales en concrétisant les sensations aux yeux du public. Par exemple, elle augmente le malaise des spectateurs en leur présentant des acteurs qui se tordent sur scène à la façon de serpents; ou encore, en inondant la scène de lumières vertes, elle intensifie leur malaise et leur inconfort. Au cours de certaines scènes durant lesquelles le feu dévore le plateau, les lumières sont aveuglantes; dans les séquences d'eau, le spectateur est envahi de sensations d'étouffement.

Les rythmes sont également utilisés dans le théâtre viscéral d'Atlan pour exciter la protagoniste pendant qu'elle recherche 'la petite voiture de flammes et de voix'. La cadence des rythmes varie d'une lenteur presque imperceptible qui impose une sensation de nostalgie, de désespoir et de souffrance, jusqu'à un battement frénétique et violent qui éveille des sensations dynamiques de puissances titanesques.

Assises
assises

13. VonFrantz, p. I, 1-15.

38

assises
statues
futiles (p. 29).[14.]

ou

Moi mon père
moi ma mère
moi mes soeurs
moi mes frères
moi poussière
moi herbe
fleur
forêt
vent
neige
étoile
en éclats
dans les
millions
et les
millions
d'enfers (p. 50)

L'élocution grinçante à coups redoublés de ces lamentations produit une série d'effets saisissants. D'autres séries verbales surprennent brutalement par leur force saccadée semblable à un acide qui rongerait le métal. La rupture du mouvement rythmique choque l'auditoire non seulement par la force du battement saccavé mais par l'inclusion de plusieurs tons stridents, de cacophonies et de sons métalliques, tous destinés à désorienter le spectateur. Les répétitions prennent souvent une allure raide, puis elles ralentissent à la manière d'un rituel ou d'une prière, berçant ainsi le lecteur ou spectateur, adoucissant son chagrin et sa douleur

Hia
Hia
Hia
à moi
à moi
à moi
hia hia hia
vers le haut
vers le bas
du côté faux
sec
froid
hia

14. Liliane Atlan, *La Petite Voiture de Flammes et de Voix,* p. 29.

hia
hia (p. 91)

La Petite Voiture de Flammes et de Voix est un drame de la Création. Il retrace le traumatisme d'un être humain disjoint, Louli-Louise, les deux aspects d'une même personne jouée par deux actrices sur scène--Louli-Louise--qui vit dans un tumulte de conflits, renaît toute *entière* à la fin de la pièce.

Le drame est divisé en sept parties, comme l'étaient les sept cieux ou sphères des mystiques Merkabah. A travers ces sept chemins, Atlan mène le spectateur dans un monde sauvage qui rappelle non seulement la description donnée par les mystiques Merkabah mais les visions terrifiantes décrites par Blake, Breughel et Ensor. Les sept chemins que parcourt la protagoniste d'Atlan dans sa tentative de voir la petite voiture-trône, sont les suivants: Allée des têtes, Allée des mortes, Allée bleue, Allée des hyènes, La Zone, La Porte des larmes, La Mort verte ou le début de la septième allée. La protagoniste--Louli-Louise--est soumise à l'épreuve du feu et de l'eau. Puis elle est mise au contact de voix qui lui distillent leurs menaces sous forme de paroles tour à tour silencieuses ou stridentes; puis elle est soumise au contact de démons dans toute leur hideuse grandeur; de couloirs en labyrinthe; de miroirs qui réfléchissent des sensations et sentiments aux dimensions disproportionnées; d'objets qui, jusque-là solides et droits, sont maintenant pliés, inclinés, liquéfiés, éclatés ou pulvérisés; de pierres qui prennent vie; de murs qui se penchent en avant afin d'emprisonner leur victime dans leur étreinte. Il est sous-entendu que, lorsque l'initiation est presque entièrement terminée, pour la sphère finale, la novice ressent l'extase de l'accomplissement total.

Au lever du rideau, sur l'Allée des têtes, la scène est inondée de lumières blanches. Louli, l'infirmière, pousse une voiture où se trouve Louise. Ses gestes sont mécaniques et rituels. Les deux femmes ont le même visage de cire. Les mains rouges de Louli sont la seule différence entre elles. Au moment où les deux femmes font le tour du château de façon prescrite, chemin après chemin, ses façades prennent feu. Les mains de Louli sont brûlées mais pas complètement détruites. Elles continuent à marcher tout en récitant la saga de la création.

Le monde
a été
créé
par feu blanc
sur
feu noir
quatre fois tes têtes
seront frappées
par les Scorpions de feu blanc qui brûle et ne consume pas. (p. 9)

Soudain, Louise perçoit 'une petite voiture de flammes qui ne brûle pas,' et bien qu'elle se dirige vers elle, de façon paradoxale elle ne bouge pas; bien qu'elle la perçoive, elle reste cachée derrière un 'rideau de flammes et de voix.' Les voix rendent l'écho sur scène à la fois individuellement et à l'unisson, à la fois en guidant, persécutant, et tourmentant les protagonistes. Louli se joint aux voix, obligeant Louise à agir et réagir de façon violente et pathétique. Louise a été dépouillée de son identité. Elle n'est plus Louise Polomian, épouse de Louis et mère de trois enfants. Elle s'appelle *Mondiale*. Le groupe de voix se transforme en sons métalliques, discordants et perçants comme s'ils martelaient leur victime, essayant de briser ses 'poignets', de clouer ses 'jambes'. Un monde en tumulte se révèle, exposé aux événements cataclysmiques (guerres, mutilations, montagnes écrasant leurs victimes, massacres, désastres). Des Louise et des Louli, en miniature, émergent de la terre. Jaunies, embaumées, elles caquettent sur 'ce monde malade' où 'plus rien n'est sacré.' Louli, telle une poupée, émerge d'une pile de livres pour faire un rapport sur la situation spirituelle qui existe sur terre: les nombreuses religions (bouddhiste, hindoue, islamique, chrétienne, hébraïque, etc.), l'oecuménisme, les découvertes scientifiques, y compris celle de l'énergie atomique, les concepts philosophiques, la pornographie, la musique électronique--une foule de réalisations intellectuelles qu'elle considère maintenant comme dépourvues de sens.

Louli: Aucun de ces livres n'est à la hauteur de ce qui se prépare je ne parle pas de
vos guerres de plus en plus cn plus sauvages mais de cette espérance
qui nous possède alors même que nous allons
lâcher sur nous l'Eclair qui nous consumera
Louise: Quelle espérance
Louli: N'est-ce pas vous qui parliez d'une petite voiture de flammes et de voix qui
ne brûlent pas
Louise: Celle qui avance sans rouler ni voler lentement
Louli: Celle qui est insaisissable (p.27).

Les sentiments de détresse auparavant mutilés ont maintenant laissé place à une ineffable foi en quelque force sublime et en la vision de 'la petite voiture de flammes et de voix.'

Dans ce premier chemin, l'Allée des têtes, l'auteur nous présente la triste condition de l'individu Louli-Louise, face à elle-même--les éléments disparates et hostiles qui sont en elle, l'un tourmentant et torturant l'autre. Personnage démembré et divisé, elle ne peut désormais plus croire au mythe du Bon Dieu réitéré depuis des siècles par les dévots, et à la fois être témoin des horreurs perpétrées par ses créatures. Elle ne peut pas non plus supporter le conflit qui est en elle: son sentiment de culpabilité pour n'avoir pas agi ou avoir mal agi; la souffrance de l'humanité qu'elle ressent par sympathie. Les flammes qui l'entourent durant toute la scène ne la consument pas. Le feu, tel qu'Atlan le présente, symbolise l'énergie ou l'essence vitale qui inonde le monde. Grâce à sa puissance il éclaire, et crée la vie. Il engendre la passion et la chaleur de l'amour. Il est la flamme de l'exaltation pour celui qui ressent Dieu en lui-même. Cependant, s'il n'est pas contrôlé, le feu est dangereux; il aveugle, brûle, détruit. Le fait que les façades du château brûlent indique que la matière se décompose, que l'homme se dépouille de l'artifice ou du masque qu'il porte en lui à tout jamais (sa pseudo-personnalité). Afin de surmonter l'épreuve, Louli et Louise se sondent elles-mêmes, s'immergent dans le royaume des profondeurs. Pourtant, retranchées dans la société moderne avec ses réalisations techniques et son progrès rapide, elles sont constamment distraites de leurs obligations et de leur but; leurs pensées et leurs émotions sont dispersées, fragmentées et disjointes. Elles perdent leur orientation. Les mains de Louli sont rouges parce qu'elles ont subi souffrance, destruction et mort. Les mains, symboles du travail et de l'action, indiquent également le rapport extérieur de l'homme avec le monde. Par conséquent, Louli est le guide, l'agent tourmenteur et catalyseur qui s'efforce de diriger Louise dans le droit chemin. C'est Louli qui, après avoir émergé de sa pile de livres, est la première à réaliser la valeur superficielle des connaissances intellectuelles. Sans expérience du monde, les mots, répliques et expressions 'd'amour' sont vides de sens. Les voix qui ne cessent de traquer et assaillir Louli et Louise comme les Erinyes dans le théâtre grec, sont des expressions verbales de sa conscience; ce sont les expressions orales de la douleur qu'elle ressent, quand elle affronte la laideur du monde, après avoir vécu dans un monde paradisiaque et protégé par sa liturgie dont on l'a nourrie à la cuiller. Malgré l'agonie hargneuse, douloureuse, moqueuse et lancinante que ressent la protagoniste, elle perçoit soudain une flamme intérieure, la présence d'une force divine transcendante à l'intérieur d'elle même qui la pousse à rechercher 'la petite voiture de flammes et de voix.'

Dans l'Allée des mortes, Louli comprend la signification du mot Massacre. Elle découvre que le carnage ne peut-être évité que par un miracle. Louise voit son passé se dérouler devant elle: son mari, ses enfants... Sa vision se brouille, elle perd contact avec sa réalité. Rêve-t-elle? Elle semble clouée au sol, désormais incapable de parler ou de bouger. Est-ce la fin du temps? Est-ce que les visages et les corps qui l'entourent sont morts? Un groupe de Louli et de Louise prennent forme devant elle; quelques hommes sont dispersés çà et là. Tous se ressemblent. Ils commencent à onduler et à danser comme des serpents, faisant l'amour, haletant de joie et de frénésie, on entend les battements de coeur, semblables à des flammes excitées qui crépitent dans le foyer; d'abord lentement, puis avec une précision mécanique, des battements automatiques. . . 'Le plaisir est un feu dévorant qui laisse le coeur sec. . .' (p. 35).

Dans l'Allée des mortes, Louli et Louise affrontent la souffrance de la séparation et la cruauté du massacre des masses. Maintenant solitaires, elles errent, terrorisées par les innombrables têtes et corps qui viennent vers elles de toutes les directions, exactes répliques d'elles-mêmes comme si chaque tête représentait un aspect déformé du tumulte qui existait en elles. Afin d'échapper à l'horreur de la confrontation avec elles-mêmes et à la souffrance des corps mutilés, elles recherchent des méthodes de fuite: érotisme, 'orgasme de masses.' Mais ce qui était à l'origine un plaisir exquis est maintenant devenu un artifice, un moyen mécanique et stérile d'éviter les obligations envers soi-même et l'humanité. Le symbole du serpent tel qu'il est utilisé par Atlan dans cette scène, présente un grand intérêt à cause de son ambivalence et de sa complexité. Dans la Genèse, le serpent, associé à la chute de l'homme, est considéré comme le symbole du mal. Le fait que le serpent ait réussi à convaincre Eve de mordre la pomme de l'arbre de la sagesse implique qu'il représente une force énergique, un agent catalyseur qui encourage l'homme à acquérir la sagesse. Un accroissement des connaissances engendre l'insatisfaction, le doute, la rébellion contre le statu quo, et en raison de cette attitude iconoclaste, elle est considérée par beaucoup comme nuisible. En Inde, les serpents sont adorés comme les gardiens des ruisseaux et de la vie. La Kundalini est pour les yogis comme une image de force intérieure à forme de serpent. En Chine, le serpent représente la sagesse. Pour les Grecs, le serpent enroulé autour du bâton d'Esculape symbolisait la médecine ou l'art de la guérison. Comme le serpent change de peau, il est associé à la renaissance et à la résurrection. Dans le domaine psychologique, il symbolise une anxiété énorme, des enchevêtrements insolites à l'intérieur de l'inconscient et une réactivation des aspects les plus primitifs de l'homme. Par conséquent, lorsque Louli-Louise observent les serpents ondulants (reflets fidèles d'elles-mêmes), en se laissant aller à leur rituel sexuel qui se termine en un genre d'exorcisme routinier, et dépourvu de sens, elles deviennent tout d'un coup conscientes du fait que si l'homme se laisse aller trop librement à l'acte (potentiellement productif ou destructif), l'acte devient un piège--un agent de destruction de soi. Enfermée comme dans un cercle de circonvolutions rythmiques, la lucidité disparaît et laisse place à la paralysie; un état d'immobilité et de stase s'ensuit. Il n'y a plus d'évolution, plus de productivité -- seule la passivité règne et par conséquent, la désintégration totale s'ensuit.

L'Allée bleue est remplie d'images d'eau avec la terre et les collines dans le lointain. Dans cette atmosphère qui ne cesse de changer, les protagonistes rencontrent les forces positives (dauphins) et les forces négatives (requins). Louise se sent perdue au milieu de cette étendue d'eau illimitée, craignant désormais de se noyer ou d'être déchirée et dévorée par les requins. Cependant, elle est toujours consciente des caractéristiques salutaires des dauphins. Elle a besoin d'une Fable, d'une notion quelconque sur laquelle s'appuyer, quelque idéal qui l'empêcherait d'être submergée par le flot éternel, qui l'aiderait à 'traverser les Temps' (p. 42). Peut-être, se dit-elle, si sa souffrance devient insupportable, quelque force prendra pitié d'elle, l'aidera à trouver une réponse à son sort pathétique? Louli plante des épingles dans la tête de Louise comme s'il s'agissait d'une pelote à épingles; il n'y a aucune réaction. Puis elle la bat avec un fouet. Un tourbillon de vent souffle sur scène. Louli a des visions de ses parents, de ses frères, de ses soeurs--des millions d'entre eux--opprimés, torturés.

> Vous opprimez toujours le même peuple
> et vous restez aussi malade
> sans qu'il en meure
> étendez le Massacre (p. 50)

Les personnages archétypes de Louli et Louise, maintenant entourées d'eau dans l'Allée bleue, sont toujours à la recherche d'un chemin à travers les éléments. L'eau, force nourrissante et fécondante sans laquelle la vie ne pourrait être, risque de devenir l'agent même de leur destruction. Dans l'histoire biblique, Noé aurait été averti d'une destruction imminente; cela le força, ainsi que sa famille, à travailler, à agir au lieu de s'endormir dans l'inaction et de gémir passivement sur leur sort. La petite voiture-trône existe pour ceux qui s'adonnent au labeur, pour ceux qui apprennent (dauphins), et non pour ceux qui , en restant inactifs, se laissent étouffer par les forces négatives et destructrices de la vie (requins). L'eau, considérée comme force maternelle en ce sens qu'elle est agent nourrissant, sert à préserver la vie; elle représente l'inconscient, un monde *in potentia*, la source et l'origine avant que la création ait commencé. Le fait que Jonas par exemple, ait passé trois jours dans l'estomac de la baleine implique la nécessité, pour chacun, de vivre à l'intérieur, de pénétrer sous les surfaces et par là même d'établir un rapport avec tous ses aspects disparates. Pour Louli-Louise, l'eau devient son *essence* même — l'élément qui lui permet d'agir, de lutter et de travailler afin de se recréer elle-même.

L'Allée des hyènes amène Louli-Louise au contact de la civilisation moderne. Les gratte-ciel et les champs de bataille émergent de la terre comme le font les villes accoutrées des dernières trouvailles: taudis, bistrots, embouteillages, banques, etc. Pendant que Louli et Louise pataugent dans ce labyrinthe d'acier, se demandant 'peut-être faisons-nous partie d'une génération déjà perdue'(p. 56). Louise prend conscience du fait qu'elle n'avance plus, que sa douleur augmente. Elle voit un groupe de petites Louise qui sautillent 'un petit moi bien séparé' (p. 58), puis une foule de Louli avec des têtes en métal, toutes tenues en laisse. D'autres groupes de Louise noires et blanches commencent à s'attaquer. On entend le bruit de mâchoires qu'on écrase et qu'on broie, suivi de hurlements, de rires, de gloussements, et de glapissements très sonores. Une vue de la terre perdue dans l'espace apparaît. Louise voit la terre comme une hyène allongée, qui attend sa proie: 'Comme prête à déchirer, engloutir l'univers' (p. 66), prête à répandre le carnage et le sang autour d'elle, et cependant encourageant la construction et la guérison. La Terre, force démente, chaotique et destructrice qui néanmoins vibre de vie, palpite d'excitation.

Dans l'Allée des hyènes, Louli et Louise ont affronté les éléments les plus dangereux de la société moderne: les villes impersonnelles avec leurs haines, leurs drogues, leurs nouveaux cultes religieux, le monde avec ses champs de bataille, ses carnages, ses maladies, sa pollution, qui s'étendent comme des tumeurs à travers l'univers, comme des hyènes prêtes à lacérer et détruire. De loin, cependant, Louli et Louise voient la terre tourner dans l'espace et comprennent qu'une autre force est ici en jeu: l'homme constructeur, le chercheur, l'individu doué d'une patience infinie qui agit dans le royaume des idées, l'altruiste.

La démolition, le démembrement, la décomposition suivent leurs cours à ce moment critique, aidés par l'homme du vingtième siècle et son accablante soif de destruction et de conquête. Dans la Zone, cinquième allée, les cieux sont ensanglantés. La foi a disparu. Dieu est devenu 'une poupée de l'esprit.' Le mari et les enfants de Louise ainsi que les joies qu'elle avait connues dans sa jeunesse naïve, réapparaissent. Son passé s'évanouit, Louli la force à prendre du LSD pour adoucir la douleur. Dans une vision d'apogée, les sphères solaires se transforment en une série d'essences en feu. L'enfer, la mort, les murs, les immenses espaces de noirceur, les abîmes, les chantres primitifs, tous éclatent sur scène comme dans une pluie ou un embrasement. Elle croit être Shiva et incorporée au Temps; elle croit qu'elle vit 'toutes les vies de tous les êtres humains en même temps.' Des démons qui lui ressemblent, se précipitent vers elle. Sa langue est pétrifiée; en grossissant, elle atteint des proportions doulou-reuses. Confusion. L'effet de la drogue se dissipe. Elle n'a ressenti aucun soulagement. Son trouble est encore plus grand. Elle doit trouver une autre solution.

Sa culpabilité, le mal qu'elle a fait autour d'elle, ses cruautés quelquefois dissimulées accroissent sa souffrance. Dans la Porte des larmes, nous voyons Louise porter avec amour dans ses bras, les Tables de la Loi:

je cours parmi les flammes serrant le Livre
il ne brûlera pas il est sacré
je cherche pour l'enfouir quelque part sous la terre un
endroit épargné. (p. 96)

Des symboles apparaissent sur scène: une croix, une faucille, etc. Chaque emblème religieux représentant la quête humaine d'une réponse à l'énigme de sa condition terrestre. Aucune réponse ne lui est fournie. Dans sa rage, Louise brise les Tables et refuse de poursuivre son voyage. Les Louli la préviennent: si elle ne poursuit pas sa tâche, elle sera emmurée. Sa colère augmente. Elle brise la voiture qui l'a conduite jusque-là; elle déchire les livres qui ne lui ont rien révélé: elle s'emporte contre les caresses qui ne l'ont pas consolée, contre le carnage qui ne lui a pas apporté la paix. Les Louli se rassemblent autour d'elle, la menacent et la cajolent. Louise se voit soudain comme un enfant de trois ans qui s'enfuit. Une lumière enflammée se concentre d'abord sur une autre Louise, calcinée, criblée de coups de couteau et berçant toujours les Tables de la Loi; puis sur les victimes d'un camp de concentration, des fragments de corps humains. Les voix d'un groupe de Louise sont maintenant muettes; elles prennent la forme de flammes. Les démons se précipitent devant elle et dans leur folie, se détruisent l'un l'autre; ils se moquent d'elle, prennent un air menaçant, et enfin saisissent Louise qui se met alors à pleurer. Dès que ses larmes commencent à couler, un mur s'effondre et disparaît. Les larmes ont provoqué la disparition des barrières si rigidement érigées entre ses deux moi disparates, lui apportant ainsi le soulagement dont elle avait besoin.

Dans la Porte des larmes, qui est une des scènes les plus captivantes du drame, le spectateur prend conscience des effets destructeurs dus au fait de garder murés en soi des sentiments de culpabilité et de souffrance. Quand Louise saisit les Tables de la Loi, elle laisse s'exprimer ce sentiment intense, qui lui permet ainsi d'entrer en contact avec le principe divin qui est en elle. Ses défenses se sont effondrées, et dès lors elle peut exprimer 'l'intensité de la souffrance.'

Un sentiment de confiance l'envahit lorsqu'elle franchit le Seuil de la Mort verte ou le début de la septième allée. Les 'portes' s'ouvrent sur de longues allées qui possèdent chacune leur propre soleil, leur galaxie, leur vie, et leurs forces consolatrices. Louise sait que la 'Lumière fut et sera toujours...', que cette matinée, cette aube et cette compréhension qu'elle ne ressent à présent que par intermittence, seront à la fin triomphantes.

comme il est dit le matin ne dure pas mais il finit

ouvrant les portes
de longs couloirs où les noyés remontent (p. 125)

46

Des Louise vertes émergent à présent alors que toutes les autres Louli et Louise maintenant calmées, disparaissent sous terre.

La transfiguration a lieu avec l'apparition des Louise vertes, couleur qui symbolise l'espoir et la fertilité. Un monde où existe l'étincelle divine aidera Louise à venir à bout de son expérience et des éléments destructifs de l'existence humaine.

La Petite Voiture de Flammes et de Voix de Liliane Atlan est une pièce aux dimensions cosmiques car elle embrasse l'univers entier et toutes ses sphères aussi bien internes qu'externes. C'est une allégorie, en ce sens qu'elle exprime une foi indestructible dans les Tables de la Loi que Dieu remit à Moïse sur le Mont Sinaï — en dépit du fait qu'elle les casse en mille morceaux, ne voyant à ce moment là que le côté négatif de cette somme. Cette loi, néanmoins, devient force positive lorsqu'elle est suivie et exercée dans la vie quotidienne, elle peut être assimilée à un agent générateur et catalyseur, aidant l'homme à façonner le destin, pour lui-même et pour autrui. Utilisée simplement comme un recueil de principes et de concepts altruistes, elle devient un agent de destruction puisqu'elle sert à masquer ou à enterrer les forces négatives qui vivent en chaque individu. Les facteurs obscurs grandissent et s'enveniment à l'ombre du monde intérieur de l'homme. Lorsqu'ils sont obligés de rester cachés ou sous contrôle pendant de grands laps de temps, ces pouvoirs insidieux grandissent et finalement éclatent, en meurtres individuels ou holocaustes gigantesques.

Sur un plan psychologique, *La Petite Voiture de Flammes et de Voix*, dépeint la souffrance d'une femme à la recherche de son identité. La capacité de Louli-Louise à 'ouvrir les portes,' sur son monde intérieur, et à démolir les 'façades' et les ' murs' dans un flot de larmes, a permis une fusion des éléments hostiles de la personnalité. Désormais , elle n'aura plus à fuir son destin ni à alléger sa souffrance par la drogue, l'érotisme ou les acrobaties cérébrales. Essayer d'éviter entièrement la douleur, c'est opter pour une existence périphérique et rejeter l'accomplissement et la vision de la petite voiture-trône.

Il est facile de comprendre la raison pour laquelle les critiques ont été si élogieux dans leurs comptes rendus. Colette Cosnier souligne 'l'en-voûtement incantatoire' de la pièce; Poirot Delpech écrit qu'Atlan est 'actuellement le seul écrivain authentique qui ne désespère pas de la scène et du langage articulé pour exprimer ses anxiétés et le tragique contemporain.' Quant à Mattieu Galey, il parle de 'la seule puissance du verbe et du lyrisme' chez Atlan, qui suffisent 'à retenir l'attention des spectateurs.' Ils savent qu'Atlan est à la recherche d'une nouvelle forme théâtrale et existentielle.[15]

LES MUSICIENS, LES EMIGRANTS
(1976)

Les Musiciens, les Emigrants, écrit Pierre Marcabru, 'est une des pièces les plus profondément, les plus viscéralement anti-racistes qu'il m'ait été donné de voir sur un théâtre'.[16]

'Une pièce enfouie sous une autre,' au dire d'Atlan, *Les Musiciens, les Emigrants* est du théâtre dans le théâtre. Cette technique permet à Atlan d'étudier le problème de la réalité en explorant le jeu des apparences à travers la conscience et la folie. Elle peut par le même biais aborder la vie dans toute son absurdité, aussi bien dans le domaine personnel que dans la suite des événements historiques. C'est à travers un dédoublement de personnalités, d'images, de situations qu'Atlan, comme Pirandello avant elle, réussit à dissoudre ce qui *paraît* fusionner, à décortiquer la vérité celée derrière les apparences.

Les Musiciens, les Emigrants, comme *Monsieur Fugue, Les Messies, La Petite Voiture de Flammes et de Voix,* sont d'envergure cosmique, car ils comportent un voyage, un itinéraire à travers l'espace et le temps, une confrontation de rôles, une salle de répétitions, située peut-être en Israel, dans un asile d'aliénés, à Déïr Yassine, village arabe 'dont les habitants ont été massacrés par des juifs en 1948, et par la suite ce lieu est devenu un hôpital pour malades mentaux incurables, qui porte le nom du roi Saül, un roi qui devint fou, à l'époque où les Hébreux, fatigués des prophètes, voulurent devenir un peuple comme les autres peuples'.[17]

La trame de *Les Musiciens, les Emigrants* est donnée dans la pièce elle-même, 'Il y avait une fois des musiciens qui n'avaient pas de chance. On ne les laissait jouer nulle part, alors, ils faisaient leurs malles, ils défaisaient leurs malles. Au lieu de répéter, ils cherchaient une salle. Quand ils l'avaient trouvée, il fallait l'installer. Quand elle était vivable, il fallait la quitter' (p. 9). Cette histoire est celle des musiciens que nous voyons répéter, et celle de leur peuple, vécue, revécue, dramatisée sur un espace d'au moins cinq mille années. Atlan, qui croit inconsciemment à la

---

15. Colette Cosnier, *Littérature de Notre Temps,* août 1971, Bertrand Poirot Delpech, *Le Monde,* 25 novembre, 1967, Matthieu Galey, *Les Nouvelles Littéraires,* 7 août, 1971.
16. *France Soir,* 1976.
17. Liliane Atlan, *Interview* (sur bande).

vérité de la parole selon laquelle le peuple juif aurait été choici par Dieu, ne peut supporter l'idée que lui aussi commet des crimes. Elle voudrait qu'il soit, sinon parfait, du moins en accord avec la Loi qu'ils s'est donnée. Mais en 1948, les juifs, dont les parents avaient été massacrés par des arabes, massacrent les habitants de Deïr Yassine, village arabe situé sur l'une des collines qui entourent Jérusalem. Il fallait qu'elle chante leur histoire également, qu'elle la relie aux meurtres commis sur les juifs, soulignant l'impossibilité, si l'on veut survivre, de rester innocent.

Les Musiciens, les Emigrants, comme toutes les pièces d'Atlan dépassent l'anecdote pour vivre dans un temps mythique. Les protagonistes sont ici surtout archétypes. On ne connaît pas davantage leur vie privée qu'on ne connaît celle des comédiens qu'on va voir jouer. On voit des êtres sensés, et fous, se masquant, se démasquant tout au long de la pièce, criant leur amertume, leur rage, et leur amour, mais la plupart du temps en termes musicaux. C'est la musique qui compte dans *Les Musiciens, les Emigrants* plus que toute autre technique théâtrale. Le chant, les airs, la psalmodie dominent. Mais ce n'est pas la vraie musique, celle qui parlerait au coeur le langage des sphères, de façon mystérieuse et immuable. Elle leur a été occultée par leur histoire, ils ne cessent de tenter de la retrouver, comme l'explique l'un des personnages:

> Je veux dire qu'à force de tourner dans le vide, nous nous mettions à graviter, comme la terre et les étoiles. Je veux trouver la mélodie élémentaire et indélébile enfouie sous toutes nos histoires. (p. 63)[18]

C'est Pythagore, inventeur du monocorde, qui a déterminé mathématiquement les rapports entre les sons; c'est lui également qui considérait la musique comme une harmonie de nombres qui habitait le cosmos. Il pouvait même, disait-il, réduire le cosmos à des nombres sonores. Le nombre, d'après sa philosophie était donc non seulement quantitatif mais qualitatif: une plénitude intelligible et sensible que l'être humain pouvait connaître. La musique, douée de timbres, tonalités, rythmes, instruments, permet aux individus de se sentir reliés au cosmos. N'oublions pas non plus que les fêtes et les rites importants dans toutes les civilisations sont d'habitude accompagnés de musique: les sonorités jouant le rôle de médiateur entre le mortel et l'éternel. Il y a également correspondance entre la musique du monde et l'harmonie des astres: le cosmos étant conçu comme un magnifique concert.

Un des grands Kabbalistes espagnols, Abraham Abulafia, vivant au 13ème siècle, connut la communion avec Dieu en méditant — dans un état d'extase mystique. Il se sentait participer au flot de la vie cosmique; mais il a aussi découvert 'la science de combiner les lettres' et contribua

---

18. Liliane Atlan, *Les Musiciens, les Emigrants.*p. 63.

ainsi à la connaissance d'une langue divine qu'il compara à la musique car elle produisait des sensations qui faisaient vibrer corps et âme. Des combinaisons et des motifs de toutes sortes ont pu être captés par son oreille, son coeur, son 'spleen' (le centre du système affectif). C'est cette science des lettres et de la musicalité qui lui a permis de connaître le plérome qu'il décrit dans *Le Livre de la vie éternelle, La Lumière de l'intellect, Les Mots de la beauté, Le Livre des combinaisons.*[19]

C'est à travers des combinaisons de vocables qu'Atlan réussit à créer une écriture qui se confond non seulement avec l'expérience vécue mais avec une musique censée faire appel aux cordes vibratoires du système nerveux des protagonistes et des spectateurs. Ainsi, il n'y a pas de véritables personnages dans sa pièce, comme à l'époque du théâtre classique, mais des individus 'pris dans des tragédies comme une goutte d'eau dans un tourbillon'[20], écrit-elle. Ces tragédies existent, se reproduisent, se répercutent incessamment 'd'un bout de la terre à l'autre, comme des ondes, ou des épidémies.'

C'est à travers la forme musicale, même mutilée, qu'Atlan réussit à exprimer le mystère de la vie terrestre et cosmique des maladies et des guérisons. 'Nous avons,' dit Atlan dans le Prologue de la pièce, 'perdu le don de la musique. Plus personne ne peut rien dire sans faire grincer quelqu'un, nous ne sommes plus qu'une mosaïque d'êtres dissonants pris dans le même piège, mais si, par hasard, ou par miracle, de cette dissonance elle-même pouvait naître une mélodie?' (p. 7). C'est cette mélodie qu'Atlan cherche et nous apporte, à travers les six parties de sa pièce. Chaque séquence est une nouvelle démarche de ces musiciens-émigrants, vers la sérénité. Mais sont-ils vraiment des musiciens? ou des fous, incarcérés dans l'asile d'aliénés de Kfar Shaul, c'est-à-dire, l'ancien village de Deïr Yassine?

L'ouverture de la pièce: trois musiciens répètent; mais leurs instruments sont des valises, des paquets, des malles. Reine, la femme archétype, la Femme de Tout Temps, mère, amante, fille, habillée d'une robe du soir, déchirée, emballe ses affaires. Elie entasse des valises sur le chariot. Iali fait ses malles également. Il le faut bien puisqu'ils errent de patrie en patrie, chassés, calomniés, reniés.

Parfois les musiciens pensent qu'ils sont sur un bateau et qu'ils partent à la dérive, encore une fois, ou qu'ils vont débarquer sur la terre promise. Certains savent que le Messie va venir. Reine dit que 'L'Intelligence va régner pendant mille ans!' (p. 11). Elle se moque des illusions qui se perpétuent à travers chaque génération: l'avenir sera meilleur, l'être

19. Gershom Scholem, *Major Trends in Jewish Mysticism*, pp. 133-35.
20. Liliane Atlan, *Interview* (sur bande).

50

humain créera un paradis terrestre, la paix régnera et ainsi de suite. Elie, lui, joue le rôle du Capitaine du Bateau d'émigrants. Il se réjouit car il est certain que bientôt ils pourront 'débarquer sur une terre où leur musique sera celle de tout le monde' (p. 11).

Reine, entre temps, débarque du chariot, ou plutôt du bateau. Elle se prépare à la guerre, 'la seule guerre sainte qui ne soit pas un crime, celle qui consiste à rendre à la vie quotidienne sa dimension sacrée' (p.12). Ce qui rend la pièce et complexe et fascinante c'est le dédoublement des rôles: chaque comédien joue l'être conscient, sain, et le fou, incarcéré dans l'asile où les musiciens sont censés répéter un concert qui aura lieu dans un temps futur. Périodiquement, ils déballent et emballent leurs affaires, leurs malles, prêts à partir, reprenant leur histoire, butant chaque fois sur ce qui les rend fous.

Elie psalmodie, 'comme une partition de musique,' qu'ils sont 'les restes d'une poignée de survivants', d'émigrants qui ont parcouru l'Europe en flammes, qui ont réussi à se sauver des camps de concentration, des fours crématoires. La famille d'Elie a disparu; parents, frères, soeurs, tués par les Nazis; quant à lui, par miracle, il a échappé à la mort, a traversé à pied la moitié d'un continent en flammes. 'J'attends, dans un hôtel, qu'un passeur me conduise, me conduise dans la montagne, puis dans un port, sur un bateau gréé en cachette, un bateau qui ne tient pas la mer, un bateau-cage, refoulé, de port en port' (p. 13). L'a-t-il vécu lui-même, ou donne-t-il la voix à ceux qui l'ont vécu? la situation est ambiguë; difficile; accablante.

Les autres racontent leur passé dans les camps, leurs fuites, leurs souffrances. Mais même là, il y avait de la musique: cette sonorité, cette force vitale qui émane du cosmos, donnant de l'énergie pour continuer à vivre. L'itinéraire que suivent les émigrants à travers les pays, le temps, l'espace, est paradoxalement sans coupure, grâce à la musique qui soude les expériences, les sensations; qui crée également un sentiment de malaise, de dépaysement, de folie. Nous sommes à cheval entre deux mondes: le conscient et l'inconscient, le présent et le passé, le mortel et l'immortel et comme des sables mouvants, chacun cherche à se joindre à l'autre, à pénétrer un lieu stable, fixe, serein, mais doit fuir, subir l'anéantissement, l'asservissement, l'avilissement—la honte d'être persé-cuté, d'être un paria.

C'est Elie qui raconte qu'il y avait un orchestre même dans les camps de concentration. 'Un jour, chez les femmes, une pianiste a vu sa fille arriver dans un convoi. Elle a été sélectionnée pour le travail. Pendant un an, cette femme a joué devant la chambre à gaz, dans la hantise que sa fille. . . et puis, un jour, elle a tout oublié sauf la joie de jouer, et ce jour-là, sa fille a été gazée' (p. 20). Est-ce la femme que nous voyons sur scène? incurable? qui raconte l'histoire? Nous ne le savons pas. 'Du Librium! Dix fois par jour pendant cent ans!' décrète Elie (p. 21).

C'est grâce à la musique, contemporaine et éternelle, même perdue ou dénaturée, que ces survivants des camps jouent leur histoire, au présent, au passé, au futur. Ils veulent guérir d'eux-mêmes, accorder leur petite vie à une fable, transpersonnelle. 'J'ai besoin d'être heureuse de mon vivant,' entonne Reine, femme qui, comme la Mère archétye dans *Les Paravents* de Genet, transcende son individualité pour se mêler au collectif. Elle est à la fois humaine et inhumaine, elle cherche—à travers les âges—un pays où elle pourrait vivre:

> Vous me mettrez à gauche un minaret, une cathédrale gothique, une synagogue, j'ai l'âme oecuménique, car je ne veux rien perdre. Mon coeur est un musée vivant où s'accumulent les trésors, même les sales, les inutiles. (p. 24)

Cette Reine est de tout temps et de toutes les époques; elle naît et renaît. Elle survivra en dépit du fait que Iali annonce un tremblement de terre et nous informe que 'la ville de madame va tomber' (p. 24). Reine ne voit pas le particulier, elle ne s'aperçoit que du collectif, de ce qui renaît continuellement. Elle voudrait faire marche arrière et tout recommencer. 'Je voudrais repartir de zéro. Refaire ma vie. Changer! Retrouver le désert où sont nés les mythes qui m'ont si longtemps soutenue!' (p. 26). Elle veut repartir, se 'recueillir,' devant la tombe de ses ancêtres: Adam, Eve, Léa, Rachel, Sara, se retremper dans l'histoire biblique, venir à bout de sa mélancolie.

Des obus éclatent, on entend des rafales de mitraillettes: guerre, ou terrorisme? Reine arrive devant le Mur des Lamentations, 'les débris de cinq mille ans d'histoire' (p. 32).

Mais il y a des jours de réjouissance où les Juifs fêtent leur Délivrance (p. 35). Iali 'sort du mur,' c'est-à-dire de leurs valises, 'une nappe brodée, une coupe d'argent, un oeuf dur, des os, des galettes, un Rouleau de la Loi déchiré'. Ces objets sont là pour célébrer le Seder, la Sortie d'Egypte, les quarante années passées dans le désert, 'à l'ombre d'un dieu qui nous faisait tourner pour incruster son idéal dans notre chair.' En ces temps-là, l'univers *parlait*, 'le peuple *voyait* les voix,' les mers s'ouvraient, mais par la suite l'eau est devenue du sang. C'est Iali qui exprime à la fois leur détresse et leur espoir:

> Tu vois ces Rouleaux de la Loi pleins de terre? Des rats les ont déchirés à pleines dents, les rats des bateaux sur lesquels nous émigrons depuis deux ou trois mille ans, ils sont écrits dans cette langue de feu et de tempêtes que la terre parlait quand nous tournions dans le désert, à la recherche d'une terre pour la première fois, à cette époque déjà nous pouvions croire que nous tournions dans un désert sans issue, et pourtant sans le savoir nous étions les premières syllabes d'un grand concert. Ce qui te rend fou, si c'était le début de quelque chose qui, plus tard, paraîtra le début des miracles". (p. 39)

52

Elie, Reine et Iali construisent des bouts de scène qui ne vont nulle part, renversant les maisons de carton, devenant leurs propres ennemis qu'ils essayent de comprendre, leur donnant la parole et en même temps se justifiant d'avoir été contraints de devenir des bourreaux pour survivre. Les instruments de musique deviennent des armes, ou même des instruments de torture, tandis qu'Elie, accordant son violoncelle, raconte l'histoire des musiciens du ghetto de Teresienstadt:

> Il y avait une fois des musiciens, parqués dans un ghetto. Un jour, c'est la violoniste qui disparaissait, un jour le harpiste. Iona reconstituait son orchestre avec ceux qui restaient, ou ceux qui arrivaient, affamés, sans parler du typhus, des deuils, de l'incertitude absolue dans laquelle ils vivaient. Ils avaient travaillé le Requiem de Verdi pendant des mois, ils étaient prêts. L'Officier les avait prévenus:—'Vous donnerez votre concert, après vous serez liquidés.' Il était lui-même musicien. C'était si beau, il était bouleversé. (p. 65)

C'est après la chanson d'Elie que Iali, 'avec des partitions déchirées,' érige 'une sorte de monument aux morts sur la scène.' Elie joue la mélodie des morts. Mais Reine, jouant de la harpe, puis s'en servant comme d'une arme, menace:

> Prenez garde à la génération qui a grandi sous les tentes. Prenez garde à notre fureur. Je chante notre histoire, il paraît que j'ai une voix enivrante, mais chanter ne suffit pas, je veux me battre. Je fais sauter vos cordes. Je prends des otages. (p. 66)

La roue tourne, s'exclame Iali. 'Les victimes deviennent des bourreaux. Seuls les bourreaux survivent' (p. 76). Quel son réussira à transformer le chaos en cosmos, permettra à chaque être sur terre 'de devenir son propre créateur' (p. 63).

Iali cherche ses partitions mais les retrouve en lambeaux; elles ont été grignotées par les rats, délavées par les pluies. Elles sont "illisibles!" Elles sont dans le vrai sens du mot—SACREES—c'est-à-dire incompréhensibles, mystérieuses. 'J'avais noté la mélodie qui me ranimait!' disait Iali, chacun a un air favori, qui lui parle, qui l'imprègne de force, qui le rattache au monde' (p. 84). La quête doit continuer.

Le docteur Berger, chef de l'asile et son cortège d'infirmières viennent continuellement sur scène jouer eux-mêmes ainsi que leur rôle dans la pièce de théâtre qu'ils vont tous créer ensemble. Des voix émergent, soulignant la folie de certains, la rage des autres, les maladies et les agonies, les idéalistes et les réalistes. La musique se poursuit, les acteurs-malades prennent leur calmant, et puis vont se coucher. Les acteurs-docteurs applaudissent les autres et eux aussi quittent la scène.

Mais qui sont les fous? Sont-ils des meurtriers? Qui sont les musiciens 'enfouis sous les émigrants?' Reine, Eli, Iali, 'jouant de leurs valises comme au début' de la pièce, racontent: 'Il y avait une fois des musiciens qui n'avaient pas de chance. . .' et la roue tourne et contourne cette histoire éternelle qui recommence sans cesse, sans changement, reproduisant les mêmes barbaries ainsi que les mêmes accords sublimes!

Après la guerre de Kippour, le jour même où des enfants juifs furent assassinés par des palestiniens, à Maalot, Atlan crée un groupe de théâtre avec des israéliens et des palestiniens. Ils décident qu'ils joueront ensemble, dans les rues; ils improvisèrent, à partir du thème essentiel des Musiciens: deux orchestres pour une seule scène. Ils réussirent à jouer sur le campus de l'Université de Jérusalem. Ils donnèrent la preuve qu'ils pouvaient se comprendre. Ce groupe risquait tous les jours de se dissoudre et pourtant une grande amitié y est née.

*

Monsieur Fugue, Les Messies, La Petite Voiture de Flammes et de Voix, et *Les Musiciens, Les Emigrants* sont apocalyptiques en puissance et en intensité, remplis de rythmes turbulents, frénétiques et corrosifs. C'est grâce à tous ces éléments que les forces universelles et éternelles ont été atteintes. Ce sont des drames de Destruction et de Création; de l'individu qui se perd et se retrouve, qui enrichit ce qui s'était appauvri, qui purifie ce qui était corrompu.

TROISIEME PARTIE

VIDEO/THEATRE

'Mets devant toi le serpent qui t'a
consumé, regarde-le en face et tu
vivras.'
(Liliane Atlan, *Même les oiseaux ne
peuvent pas toujours planer*' d'après la
Bible, Les Nombres, 21:7.)

Le vidéo-théâtre a été créé par Liliane Atlan aux alentours de 1977.
Pendant son séjour à San Francisco, en 1968, elle avait assisté à un travail
théâtral collectif original: les comédiens répétaient de telle sorte qu'ils
devenaient capables d'improviser, *ensemble et devant le public,* sur un
thème donné, à brûle-pourpoint, par l'un des spectateurs. Elle utilisa
cette méthode un peu plus tard, lorsqu'elle créa un atelier de théâtre dans
un foyer de post-cure pour toxicomanes (Pierre Nicole), en 1975, puis au
Centre Médical Marmottan (1976). Elle eut l'idée d'y adjoindre le vidéo,
de se servir de métaphores comme point de départ et de convergence.
C'est ainsi qu'un théâtre insolite est né. Non d'une idée à priori, mais du
travail lui-même. Le vidéo permet de voir immédiatement sur l'écran ce
que l'on joue, ce que l'on est. Il permet de dédoubler, de morceler, de
recréer les objets, les corps, le vécu, le rêvé, de mettre en évidence des
correspondances insoupçonnées entre la matière animée et la matière
inanimée. Il crée, par le seul fait qu'on se sert de lui, une nouvelle façon
de s'exprimer et de jouer.
Il y a des expériences capitales. Il faut les vivre, ne serait-ce que par
procuration. Le Dr Claude Olievenstein a été le premier en France à
comprendre que 'la défonce' est l'une d'elles. Il a créé Marmottan pour y
répondre. Il a conçu ce lieu de telle sorte qu'il ne soit pas seulement un
centre médical, mais un lieu à l'écoute et à la disposition de ceux qui
vivent une aventure dont on ne mesure sans doute pas encore toutes les
conséquences: l'exploration de soi et du cosmos à travers la transformation chimique de nos corps.

Il décrit les toxicomanes comme des êtres jeunes, beaux, audacieux, transgressant les interdits, osant éprouver du plaisir, mystiques sans théories ni dieux, nouveaux jusque dans leur chair, réalisant, sans le savoir, non par des théories ni des systèmes, mais dans leurs personnes, 'une mutation de la conscience.'

On ne pouvait rester que le temps du sevrage, huit ou dix jours, dans ce lieu privilégié, trop peu de temps pour être à même d'affronter à nouveau l'horreur du monde. C'est pourquoi le Dr Olievenstein a créé des foyers de post-cure, Pierre Nicole à Paris ainsi que d'autres ailleurs. Là, des toxicomanes qui voulaient 'décrocher' passaient quelques mois, aidés par des soignants, qui étaient souvent eux-mêmes d'anciens 'toxicos', à surmonter le manque et surtout, l'horreur d'affronter la vie quotidienne dans sa médiocrité, l'angoisse de ne pouvoir supporter ni l'extase torturante de leur 'planète', ni d'en être sevrés. Certains tournaient en rond, d'une maison de post-cure à une autre, ne pouvant vivre que dans ces lieux protégés, et finissaient par se tuer. Quelques-uns trouvé la force de vivre par eux-mêmes, une vie qui n'est pas tout à fait celle de tout le monde, qui garde l'empreinte de la nouveauté, de cette mutation des sensibilités qui fait le véritable intérêt de leur expérience et de Marmottan.

Atlan rêvait depuis longtemps d'y faire du théâtre. 'C'est trop dur,' lui répondait Olievenstein. Christian Heinic, l'un des soignants, qui n'avait pas encore réalisé son film *Le Manque* (1977), lui donna l'idée de se faire accepter comme éducatrice au foyer Pierre Nicole. Si elle prenait ses gardes comme les autres, personne ne verrait d'inconvénient à ce qu'elle essaye de faire du théâtre. 'Mais tu verras, ils n'ont envie de rien, rien ne les intéresse.' Elle entra d'emblée dans leur monde, dans leurs délires, au bout d'une heure elle les entraîna déjà à faire les exercices préliminaires qu'elle avait appris à San Francisco: ils s'aperçurent qu'ils vivaient dans la même maison sans se regarder les uns les autres, ils discutèrent toute la nuit, eux, stupéfaits de voir qu'une bonne femme qui ne se fixait pas 'connaissait leur planète, elle, émerveillée de rencontrer des gens révoltés comme elle, stupéfaite que son 'misérable théâtre' les intéresse. Ils prirent très vite l'habitude de préparer la salle avant qu'Atlan n'arrive, quelques soignants de Marmottan venaient souvent les rejoindre, pour leur plaisir, et des comédiens professionnels, invités par Atlan, furent jaloux de leur travail.

Leurs improvisations les plus belles furent celles de *Dieu, La Boucherie, La Camisole. Dieu:* 'Ouvrez-moi cette porte où je frappe en pleurant.' (Apollinaire) Cette phrase décide Philippe à devenir Dieu, un jeune Dieu fragile et solitaire. Deux prostituées lui font la cour. Mais Dieu a peur des femmes. Il les rend cul-de-jatte, pour se protéger d'elles. *La Boucherie*: Le boucher débite sa viande. Sa femme, cul-de-jatte, se plaint qu'il la néglige (cette femme est imaginée et jouée par un homme.) Deux jeunes paumées, à qui l'on a dit que dans cette boucherie on a installé une école où l'on apprend à vivre, parlent de leur angoisse au boucher, qui ne sait rien, sinon couper sa viande. Ils deviennent tous, les uns après les autres, les animaux qui seront débités et mangés. *La Camisole*: La soirée commence de façon ordinaire. Ils accordent leus voix. Soudain, Martine se lève, arpente la salle et crie: 'Je vais casser le monde en petits morceaux.' Bernard se jette sur elle pour la tuer. Atlan intervient, explique qu'au théâtre, on peut tout faire impunément, mais de loin. Bernard tue donc Martine, mais à distance; tandis qu'il donne des coups de bûcheron furieux sur un être invisible, Martine agonise, frappée à mort par des coups qu'elle n'a pas reçus. C'était, pour la première fois, du vrai théâtre. Ils le sentaient. Ils étaient bouleversés. Un coussin, étroit et long comme un serpent, traînait par terre. Atlan propose à Michèle d'en faire ce qu'elle veut. Michèle éclate de rire et dit: 'Ce sera la camisole de force qu'on m'avait mise quand j'étais en HP' (hôpital psychiatrique). Elle crie. Au début, c'est un jeu mais bientôt elle perd la maîtrise d'elle-même, elle est vraiment sous camisole, dans un HP. Elle revient à elle lentement, grâce à des paroles sur le jeu théâtral, sur la distanciation. Une amitié étonnante naît entre les personnes qui ont pris part à la séance. 'C'est comme l'Héro. On prend son pied. Quelque chose se passe.'

Ils ne peuvent jamais refaire deux fois la même chose. C'est d'autant plus frustrant que souvent, grâce au jeu théâtral, grâce à leur façon d'être, ils disent, par bribes, par éclairs, l'indicible; ils laissent s'exprimer, par des gestes, des attitudes, quelquefois des paroles, cette sensibilité cosmique liée aux éléments; le feu, l'air, l'eau, la terre, la lumière, les planètes, tous ces flots de visions, de mondes éphémères, légers, se déformant, se reformant, comme les nuages qui sont devenus leur propre corps, leur propre chair. Atlan se dit qu'une caméra vidéo permettrait de garder la mémoire de ce qu'ils vivent, de ce qu'ils créent pendant leurs séances, qui déjà ne sont plus tout à fait du théâtre. L'équipe soignante de Pierre Nicole, dans sa majorité, se sent vexée de voir démenti son axiome fondamental: les toxicos ne veulent rien, et ne font rien. Ils veulent bien qu'Atlan continue à prendre ses gardes, à condition que celle-ci soit passive. Elle refuse. Mais Michèle, Philippe, le groupe qu'elle a crée veut continuer à faire du théâtre. Le Dr Olievenstein leur donne la clef de la bibliothèque de Marmottan. Ils y travaillent. Un soir, Michèle veut tuer Atlan, puis se jeter par la fenêtre. Elle y renonce, tourne sur elle-même en criant sa propere vérité, celle de Marmottan, son désespoir, absolu. Atlan, pour qu'on l'entende, cherche une caméra, un cinéaste, les trouve, mais Michèle a disparu; celle pour qui le vidéo/ théatre a été inventé n'y a jamais participé, n'est jamais revenue vers ces gens, "sympathiques, mais qui ne pouvaient rien pour elle.'

C'est grâce à l'INA (Institut National Audiovisuel) et à TOP FILMS (Léone Jaffin) que l'expérience continuera à Marmottan, en 1977, sous une forme nouvelle: l'INA prête le matériel; une caméra vidéo légère, une paluche, des bandes. La paluche, inventée par Beauviala, est une sorte de style, de revolver, on la tient à la main, elle est aussi mobile que la main, elle fait tout ce que fait la main, de plus elle enregistre. C'est Thierry Garrel, de l'INA, qui comprit le rôle majeur que pourrait jouer la paluche dans l'expérience de Marmottan; cette caméra, qui permet de filmer par morceaux, comme au couteau, convenait particulièrement à des personnes qui disaient d'elles-mêmes: 'Je me sens coupée en morceaux,' qui se libéraient, en improvisant, d'un véritable besoin de tuer, de se tuer. Le projet était simple: pendant six mois, tous ceux qui le voudraient parmi les soignés et les soignants s'exprimeraient, les improvisations théâtrales collectives seraient enregistrées sur bandes vidéo, à partir d'elles un scénario serait écrit, et peut-être tourné. Le rôle d'Atlan serait surtout de libérer la parole des autres, de les aider à devenir 'les écrivains publics' de Marmottan, et, à travers Marmottan, de toute une génération piégée dans l'indicible.

Le groupe de Pierre Nicole s'était dissous, il fallait tout créer, vite, puisqu'on avait déjà le matériel, un technicien de l'INA, Joel Mellier, pour un temps précis et limité. Grâce à l'aide des Dr Olievenstein et Ingold, Atlan, armée d'un titre, *Même les oiseaux ne peuvent pas toujours planer,* d'une métaphore, celle des oiseaux nés infirmes, puisée dans un conte de Rabbi Nahman de Brastlava, d'une méthode, assez vague, il faut bien le dire, et de deux tourterelles, déconcerta, enthousiasma; en quelques jours le groupe se mit à exister, la pharmacie de Marmottan se remplit de poupées, de pierres, de petits palmiers, toutes sortes d'objets de fortune qui déclenchaient les improvisations; le foyer du quatrième fut transformé en studio de cinéma, des malades en cours de sevrage 'montaient voir', un noyau stable se forma, venant à l'heure, à toutes les séances, ce qui étonnait les toxicos eux-mêmes; ils arrivaient livides, au bord de l'évanouissement, ils répétaient comme des comédiens, les séances se terminaient dans la santé et dans le rire. Au bout de six mois, Patrick et Laurence s'étaient mariés, ainsi que Claude et Nathalie. Ils avaient enregistré 48 bandes (48 heures). Atlan et Mellier firent un montage rapide de leurs belles improvisations: *Les Fers à repasser, ou comment on inculque aux enfants quelques principes de morale, La Maison de Réparation, La Pâte, ou les mains blanches.* 'Quel film en tirer?' demande Atlan. 'Ce que tu veux. On te fait confiance.'

Elle était bien embarrassée. Malgré quelques images fulgurantes, le contenu des bandes s'enlisait dans les répétitions, butait sur une sorte d'impossibilité à s'exprimer vraiment. Ce qui ressortait, c'était l'amour de l'absolu, mais pour détruire, se détruire soi-même. *Tuer la mort*, tel serait le but de leur film, qu'elle n'écrivait pas. Pour une forme nouvelle de conscience, il fallait trouver une forme nouvelle d'expression. *Le vidéotexte*.

Même les oiseaux ne peuvent pas toujours planer sont le premier texte écrit pour être imprimé sur vidéocassette, ou vidéodisque, lu chez soi sur écran, à l'heure que l'on veut, seul ou à plusieurs, en y mettant le temps qu'on veut. Ce support permettra la synthèse du livre et du spectacle. L'image, morcelée, laissera le verbe souverain, comme au théâtre, tout en donnant la possibilité d'incruster dans une fiction toute une information sur des lieux, des personnes réelles, d'atteindre à 'une poésie comme née de leur chair.'

De cette oeuvre multidimensionnelle qui a assimilé les codes et conventions du vidéo et du théâtre, en les mélangeant comme dans un creuset magique, il naît quelque chose d'unique, de poignant, d'éclatant qui oblige à réfléchir, à questionner et à lancer un défi non seulement à la société telle qu'elle est, mais à l'artiste, au créateur.

Comme chez les peintres cubistes et surréalistes, il y a fragmentation et unicité dans *Même les oiseaux ne peuvent pas toujours planer*. Les images projetées sur l'écran sont parfois découpées vues par lambeaux: main, lèvres, oreilles, etc. Ceci est conforme à la réalité, dit Atlan, puisque les pensionnaires de Marmottan sont en effet morcelés, découpés, triturés, déchiquetés. Poupées, chaises, tables, salles, tours, aliments, par contre, s'animent, deviennent des protagonistes. L'objet ainsi vit doublement: dans le monde des phénomènes en tant qu'objet animé, et subjectivement, épousant le point de vue des personnages qui s'en servent.

Même les oiseaux se divisent en quatre bandes. Les indications vidéo sont imprimées dans la colonne de gauche et le texte à droite. Chaque bande décrit une étape d'un voyage onirique, d'un trajet initiatique. Chaque zone ou degré de cette marche intérieure permet aux participants d'affronter une autre réalité, ou couche géologique, dans ce voyage infernal, cette descente vers l'incréé, le non-vécu, le non-manifesté. Il est à certains égards, comparable aux plongées baudelairiennes dans *Les Fleurs du mal* et au parcours mythique de Mallarmé dans *Igitur*.

Afin de souligner le côté mythique du travail vidéo, Atlan donne aux personnages des noms impersonnels, désignant fonctions ou traits de caractère, nous rappelant certaines allégories comme *Le Roman de la Rose* ou *Eloge de la Folie* d'Erasme. Elle-même, s'appelle Panique à Plein Temps; Marmottan devient Mortmattan, les médecins qui participent à ces improvisations sont Coupe-Amour et Jour de Fête; les toxicomanes, Petite Lumière Tenue Secrète, Mauvais Sang, Mandoline, et ainsi de suite. Ces noms, néanmoins, ne furent pas inventés par Atlan, mais sortirent de phrases prononcées par les toxicomanes eux-mêmes, donc proviennent également d'un monde empirique—réel et vécu.

PREMIERE BANDE: 'ELLE A PEUR'

Sur un fond de béton, de plantes, la main d'une femme est projetée en gros plan sur l'écran. Elle est en train d'écrire la légende du 'Jardin de la Connaissance,' histoire provenant du Talmud: 'Quatre hommes entrèrent dans le Jardin de la Connaissance. Le premier mourut, le second devint fou, le troisième hérétique. Un seul en sortit, en paix'[1] (p. 2). Mais Panique à Plein Temps transforme cette ancienne légende à sa façon. 'Quatre personnes, après avoir longtemps frappé aux portes, entrèrent dans le Jardin de la Connaissance. Quel jardin, et quelle connaissance? Elles se sont aimées, et l'une est morte, l'autre est devenue folle, la troisième est devenue hérétique et une seule est sortie en paix'(p.2).

Toujours visible sur l'écran, la main commence à trembler en composant un numéro de téléphone, celui de Résistante. Panique lui raconte qu'elle regrette d'avoir quitté son mari, 'Usé'. Elle se sent dépaysée, désorientée sans lui; elle a même peur de quiter sa tour, de descendre acheter un journal, de traverser la rue. Gros plan de l'oreille de Panique, puis de sa bouche, donnant l'impression d'une extrême proximité entre le protagoniste et le spectateur. La douleur, portée de la main à l'oreille, puis à la bouche, établit des jalons, des indications préliminaires annonçant une réalité vécue et visible, commandant à la bouche et à la voix de la comédienne jouant Panique de nous parler de sa situation actuelle, pénible, pitoyable. Cette oreille, cette bouche, cette main que l'on voit à plusieurs reprises, suffisent à détacher Panique d'un temps linéaire et à l'isoler momentanément dans une quatrième dimension. Elle devient ainsi image mentale, ressemblant aux *eidola* de Démocrite, aux souvenirs et rêves qui reviennent obsessionnellement et se reproduisent à tout hasard. Cette valorisation de la main, de l'oreille, de la bouche dépersonnalise Panique, qui se voit maintenant démembrée, sevrée de certaines parties de son corps. Un malaise l'envahit, mais une poétisation de l'image se manifeste, comparable à certains égards à celle que réussit Tristan Tzara dans sa pièce *Le Coeur à gaz*.

Panique, perturbée, prête à mourir, tant elle se sent démunie, affaiblie par sa souffrance, raccroche le téléphone. On la voit maintenant de dos sur l'écran, privée de tête—l'absence de tête soulignant le bannissement

---

1. Liliane Atlan, *Même les oiseaux ne peuvent pas toujours planer*.

du monde logique, conscient. Une bulle apparaît sur l'écran indiquant le début de ce voyage initiatique qui emmènera Panique au bout d'elle-même (p. 4). Scéniquement parlant, cette bulle annonce, comme le faisaient les choeurs grecs, les péripéties à venir.

Le téléphone sonne de nouveau. Jérémie, un peintre âgé de soixante ans, ami de Panique, s'inquiète et pour elle et pour lui-même: il cherche à dessiner l'absolu, sachant, avant même de commencer, qu'il y échouera, du moins en partie. Il y a double jeu ici: Jérémie a besoin d'amies et de tendresse dans sa solitude, et tout en entendant ses jérémiades on voit l'oreille de Panique en gros plan, qui grossit et diminue en fonction de ses réactions affectives à la détresse de son ami.

On voit une main qui décroche et raccroche. C'est Louche, amant de Panique, qui vient de téléphoner. Il arrive; ils boivent ensemble, font l'amour 'Pour simuler l'extase,' nous annonce une nouvelle Bulle qui sort des verres des convives. En gros plan, un tricot de corps, un slip, un pantalon (p. 8).

Assise devant sa fenêtre, Panique est de nouveau seule dans sa tour. Elle rêve. Elle voit ses voisins tomber comme une pluie, de leurs fenêtres, ramasser dans la rue leurs propres restes, s'étonnant de s'être tués alors qu'ils allaient bien, puis comprenant que c'est Madame Plein-Temps qui se moque d'eux!

Résistante téléphone. Elle nous raconte sa vie également intenable: une mère qui voulait la tuer alors qu'elle n'était même pas née. Son visage est projeté en gros plan; de multiples expressions sont montrées. On la voit rayonnante, inquiète, ferme. Quant à Panique, la peur l'envahit de nouveau. Elle a besoin d'une vie structurée, de rites, d'une force transcendante qui la berce, la rassure—d'un Dieu qui régisse son monde. Cette descente en elle-même l'effraye. 'Les mystiques se préparaient par le jeûne, la prière, l'ascèse.' Thésée est sorti de son labyrinthe grâce au fil d'Ariane. Voguer dans les espaces intérieurs et extérieurs comme elle le fait 'sème la terreur.' Ceux qui la suivront dans cette démarche aberrante, qui vont l'aider à ouvrir ces portes de cornes et d'ivoire, seront également désarçonnés.

Panique parle de son travail à Marmottan. Une suite de prises de vue: 'les soignés et les soignants' dans leurs fonds abyssaux. Ils distinguent mal la vie réelle de l'imaginaire. Des histoires de certains drogués sont évoquées sur l'écran dans un cadre flou, oblique, parfois précis. Une description réglée suit ces litanies envoûtantes des toxicomanes, leurs récitatifs portant à travers temps et espace, leurs cris de détresse, leur humour noir lancinant créent un climat d'extrême malaise. Un travail visiblement difficile est en train de se construire: transfigurer la vie passive des toxicomanes en une réalité constructrice, dramatique, à travers un texte et un écran. On entend leurs histoires par bribes, racontées hâtivement, à travers des mélopées, des discordances: écran, scène, monde visible et invisible se mélangent. Panique, elle-même la proie d'un défilé de visions délirantes, rêve d'être un oiseau qui voguerait libre dans les espaces. Mais elle se prend de panique et 'se voit tomber dans le vide' et c'est à ce moment là qu'elle recevra quatre clefs qui, par la suite, lui permettront d'ouvrir et de fermer les portes menant à l'absolu: la connaissance—ce domaine transpersonnel (p. 25).

Elle allume l'électrophone. La musique de violoncelles se fait entendre. Elle tâche de se calmer, marchant de long en large, en proie à une angoisse effrayante. Perdue dans un vide illimité, elle se voit dans une quatrième dimension, vivant des actions simultanées, des conjonctions d'éléments parallèles et contradictoires. Des formes se figent sur l'écran, puis semblent éclater, provoquant une situation encore plus terrifiante. Elle se voit fragmentée, dédoublée. Elle cerne une réalité inhabitée et inhabitable. Elle se voit descendant un escalier sans fin, projeté en gros plans par le vidéo, un escalier qui tourne et se détourne, traversant "des tourbillons d'ouate, charbonneuse, oppressante." Elle pénètre les bas-fonds, traversant des flaques de sang, des charognes, des ossements—tout un monde pourri, en décomposition. Elle heurte des 'silhouettes silencieuses, drapées de bure, comme des moines' (p.26). Ses fantasmes se poursuivent et finalement 'Elle touche le fond' (p. 26). Elle ressent un moment d'extase; un bonheur l'envahit car elle ne se sent plus solitaire, sevrée du monde, aliénée d'elle même. Elle entend une voix caressante: 'La douleur est la porte du monde divin, caché' (p. 26); elle comprend qu'elle côtoie le *nouménal*. Elle se voit en face d'une vieux coffre à jouets d'enfants. La voix lui dit d'ouvrir ce coffre. Elle le fait et trouve de la laine, des pierres, une poupée qui lui ressemble, deux tourterelles vivantes, ce sont 'les quatre clefs' (p. 28). Elle sait qu'elle est sur le droit chemin; elle sait également que ces voyages initiatiques sont pénibles: sur l'écran apparaissent des objets hétéroclites, qui donneront lieu par la suite à des hiérophanies, baignant ainsi dans le sacré, pourvus d'un pouvoir transpersonnel.

Panique cherche à créer verbalement des points de convergence, à rapporter son histoire au monde, à ouvrir les portes qui l'enferment, la bloquent. Les clefs lui permettront de rompre les amarres, de détruire toutes ces forces qui l'empêchent de voler librement, de communiquer avec le monde extérieur ainsi qu'avec elle-même. Posséder les clefs, c'est être prête à subir l'initiation, c'est pouvoir supporter un lieu clos, opaque, et avoir la force d'accéder aux états supérieurs, de s'approcher du mystère, de résoudre l'énigme de la vie—de la création.

De nouveau chez elle, Panique s'occupe à faire des petits dessins, illustrant un texte qu'elle avait écrit. Elle avait, entre temps 'installé un réseau téléphonique de personnes inquiètes, incapables d'aimer, malades de l'oubli du monde divin, trop malades pour pouvoir entrer dans le jardin' (p. 31). Ces personnes se téléphoneront, se rencontreront dans l'infirmerie, se soigneront, s'aimeront tout en faisant du théâtre dans une maison qui leur servira de mère: Marmottan. Pendant que Panique raconte ses projets on voit défiler 'des têtes reliées par des câbles,' celles de Panique, Résistante, Jérémie, des malades, des bureaux, des couloirs, des salles—toute une communauté prend vie. Imprégnées de souvenirs, ces images agissent sur la psyché des participants ainsi que des spectateurs, valorisant tout un nouveau système de rapports entre les toxicomanes, en tant qu'individus, et en tant que groupe.

Des séquences d'images coulent sur l'écran et une action sur scène se réalise en même temps. Mandoline, toxicomane devenue comédienne, raconte ses déboires. La caméra cadre l'oreille de Panique, puis la bouche, en gros plan. Elle parle du vidéo-film qu'elle est en train de composer. Elle est prise d'un fou rire. Mandoline, assise comme un Bouddha sur le tapis, médite. En gros plan, détail d'un tableau de Magritte: images furtives d'un oiseau malade d'amour qui se pose sur la fenêtre de Panique, puis prises de vue des toxicomanes.

Il n'y a pas mystification dans ce double jeu des images: le spectateur (ou le lecteur) est pris dans la simultaneité des actions, le temps/espace est aboli tandis qu'un passé s'intègre à un présent. Cette co-présence devient co-habitation entre participants et spectateurs/lecteurs. La fragmentation des images, les répétitions de bouts de phrases, les gestes morcelés, fournissent la plus grande variété dans la composition de chaque séquence qui est, paradoxalement, d'une unité rigoureuse.

Le mariage de deux jeunes toxicomanes, Petite Lumière Tenue Secrète et Mauvais Sang, apparaît en gros plan. Le couple nous donne l'impression d'être 'perdu dans la voie lactée'—dans un plérome. Des invités arrivent chez les mariés; pleurent, rient. Un repas est servi, un rythme syncopé s'établit entre les figures qui se figent sur l'écran, les convives jouant sur la scène, et les conversations qui s'entendent. Une distanciation brechtienne permet aux spectateurs une prise de conscience: à travers ces prises de vue, ces gestes et ces bribes de conversations, ils comprennent les contradictions, les conflits qui agitent les protagonistes. L'oeil qui scrute cette variété visuelle déchiffre tout un langage de signes, d'échos, de présence qui s'articulent.

Panique lit par téléphone à Résistante le scénario de son film *Même les oiseaux ne peuvent pas toujours planer;* tandis que sur l'écran défilent toutes sortes d'images. Rien n'est fixe, ni sûr; tout devient fluide, comme si le monde avait été parsemé de sable mouvant. On entend les acteurs parler, chantonner, des sonneries de téléphone, on voit des vues de tableaux de Magritte et des oiseaux qui se font plantes, montagnes, précipices, soleils.

Panique remercie, entre autres, le Rabbi Nachmann de Bratislava, vivant au dix-huitième siècle, pour le conte qui a servi de base à son travail: 'le conte des oiseaux et des parchemins.' L'argument est le suivant: 'Un homme s'est perdu dans un désert de sable; tristesse et confusion le poursuivent; il tombe sur une armée d'oiseaux. Elle a la forme d'un triangle. Les oiseaux ne peuvent ni marcher, ni voler. Ils sautillent, conduits par un idiot. . . . boitent dans le désert depuis des années et des années, à la recherche des gens qui les ont mutilés, qui les ont emprisonnés dans des cages, qui les ont privés de leurs voix et de leurs ailes à force de les obliger à chanter à heures fixes. Ils ne rêvent plus que de tuer.' (p. 67).

Panique explique que l'histoire qu'ils rêvent de jouer aura lieu dans une infirmerie. Les toxicomanes commencent à coudre des poupées à leur exacte ressemblance. Ces poupées seront morcelées, tuées, comme dans les légendes on voit tuer les dragons qui empêchent les héros d'ouvrir les sanctuaires. 'Nous allons, à travers ces poupées, nous laver de nous-mêmes par l'eau et par le feu, venir à bout de l'habitude du désespoir, casser nos petites personnes, nos Inquiétudes, qui nous empêchent de respirer' (p. 70). Une fois le rituel terminé, la vie reprendra, l'amour sera possible et pour nous et pour les autres. Cris, mélodies qui, comme une litanie, traversent les séquences. Panique coud sa poupée en laine. Elle la regarde, se voit dédoublée, coupée en deux. Le téléphone sonne. C'est Mandoline. Mandoline et Panique vont répéter par téléphone.

Panique prend sa poupée dans ses bras, chante, accompagnée par des violoncelles. Elle se rend compte que 'la splendeur des mondes ne la consolait pas' et que le métier d'écrivain ne répondait plus suffisamment à ces désirs inavoués, inexprimables, ce besoin d'être consolée, aimée. Elle se promène, rencontre ce bien-aimé qu'elle a osé quitter, mais dont la perte a causé tant de souffrance. On voit la poupée de Panique à la fenêtre pendant cette séquence; inerte, la tête renversée dans le vide, mais tournée néanmoins vers le ciel (p. 74). Le vidéo joue ici entre le réel et l'imaginaire, le rêve et le spectacle qui se déroule sur l'écran, transformant le tout dans un système de nuances et d'expressions sobres, concrètes, poignantes, imposant au rythme suivant une respiration haletante, saccadée.

La poupée de Mandoline représente ses parents qui demandent pardon à la petite, qui devient folle, tant elle est perturbée par la monstruosité du monde adulte. Cris de rage, de terreur de la part de Mandoline. Elle ne joue plus. Elle est mise, en réalité, sous camisole pendant cette séquence. Elle revient à elle, péniblement, lentement, presque machinalement. Errant dans sa chambre plus tard, elle pique sa poupée, puis la berce avec amour, plane, mais s'arrête brusquement. Elle entend la voix de sa mère: 'Mais tu n'es bonne à rien. Tu es perverse!' (p. 80). Nous voyons un vautour sur le vidéo qui contemple 'une petite fille afligée de gros seins,' des morceaux de corps disparates sont projetés sur l'écran; des androgynes, une tête de mort (p. 81).

Des séquences d'allusions, de métaphores poétiques ne visent pas à un réalisme intense, mais plutôt à l'épuration du réel. L'insidieuse vérité se fera voir: la vie de ces inadaptés, ces hystériques, ces rejets d'une société engloutissante. Un rire en cascade se fait entendre, créant une atmosphère d'inquiétude et de folie. Une toxicomane s'arrache la peau des mains, répétant qu'elle n'appartient à personne, qu'on lui écrive poste restante à Lyon, Dakar, Paris, Delhi. Sans identité, sans suite dans les idées, elle habite un vide, l'amorphe; la rage l'emporte, elle, porteuse de malheur, surout le sien. 'Je veux mon fixe,' dit un autre toxico, ne pouvant plus supporter les voix aiguës, perçantes, enivrantcs. Tout change subitement. Les toxicomanes ne veulent plus jouer. Ils n'ont plus envie de se voir sur l'écran; ils redeviennent ce qu'ils étaient. La détresse les engloutit après l'explosion de joie, d'amour qu'ils ont connue en tournant la séquence. Quant à Panique, elle se lève, les quitte; redevient elle-même. Elle résistera à l'anéantissement. Son travail la sauvera.

QUATRIEME BANDE: 'ELLE ENTRE'

Panique se sent broyée, malaxée; elle est allée aussi loin que possible dans cet abîme personnel et collectif. Elle aurait voulu mourir mais après avoir entendu la voix de Jérémie, suivie d'autres voix, elle comprend qu'elle est en train de vivre un mystère. Elle entend prononcer les anciens dictons connus des hiérophantes d'Egypte, de Grèce, de Terre Sainte: 'Descends jusqu'au dernier cercle du désespoir, tu trouveras la pierre précieuse contenue dans l'abîme...' (p. 112). Du fond d'un espace—le sien—de cet incréé, du vide qui l'habite, elle revoit sa maison, peut-être banale, mais à elle. Sa terreur, celle qui l'avait envahie pendant qu'elle vivait son histoire, son mythe, sa légende—seule, incomprise, irrémédiablement amorphe—se dissipe peu à peu pendant le baptême qui suit: elle s'immerge dans les eaux sacrées, se lave, se purifie, s'allonge sur un divan pendant que le vidéo prend des vues de ses poignets, de ses chevilles, de son cou.

Panique parle de son ancien mari, de ce monde dominé par la guerre, l'extermination, le hasard. Elle a l'impression de flotter en racontant son histoire d'amour. Séparation. Déchirement. Cassure. Des images disparates émergent.

Deux oiseaux, très longs, très minces, comme deux rouleaux de la loi, soutiennent, au-dessus d'eux, un morceau de toile où sont gravées des lettres, les lettres d'un nom de feu qui n'est ni celui de l'homme ni celui de la femme, mais celui de leur dieu. (p. 125)

'Surtout ne désespère pas,' criait sa mère, et sa mère avant elle' (p. 133). Lutte contre la perversité, les détracteurs, les adversaires, les Hitler — toujours présents. Elle psalmodie. 'A la longue, la maladie de l'oubli du monde divin prend fin de façon naturelle.' Elle réfléchit. Elle suivra les conseils de ses amis: 'N'attendez pas d'être posthume. . . pour aimer' (p. 144). Une voix lui dit: 'Mets devant toi le serpent qui t'a consumée, regarde-le en face et tu vivras' (p. 142). Panique est hors d'elle. 'Quel serpent?' questionne-t-elle. La séquence s'accélère; l'attente devient angoisse. Elle est innocente. Elle n'a tué personne, crie-t-elle, sinon elle-même. Ce n'est qu'à travers 'une ficelle littéraire,' qu'elle survivra, elle en est sûre. C'est la seule arme dont elle dispose.

L'appartement se transforme en Jardin. Même si ce n'est que le Jardin des Plantes, se dit-elle, les oiseaux chantent, l'ibis danse, les pierres sont rutilantes—le tout fait partie de sa chair, de son moi—elle appartient à l'univers. Elle sait maintenant que le Roi veut qu'elle le comprenne et qu'elle l'aime. Le Créateur est aussi Destructeur. L'un ne peut exister sans l'autre. Il 'se met en pièces dans chaque abîme pour tout renouveler' (p. 156). Panique et Jour de Fête chantent leur joie. La pierre se transforme en coeur, 'le Verbe ETRE devient clair' car 'Il est, à tous les modes, sous toutes les formes, l'auxiliaire du Verbe Aimer' (p. 157). Pendant ce temps un enfant de 4 ou 5 ans fait le tour du Jardin en vélo, annonçant que le Jardin va fermer. Il disparaît. Une mélodie sans parole monte et on entend 'Même les oiseaux ne peuvent pas toujours planer.' Un souffle à peine perçu, tant il est doux et fin clôt ce cantique à l'éternel—cette apothéose de la vie!

*

Panique est sortie du Jardin de la Connaissance en paix. Ce n'est pas le Jardin des Délices, certes mais plutôt un Jardin de Supplice. Néanmoins elle sait maintenant que Réalité et Vie exigent une acceptation des polarités du bien et du mal. Si elle n'accepte pas cette dichotomie qui existe dans le monde manifesté, elle ne pourra jamais poursuivre sa route—cette difficile voie qu'elle a justement déblayée. Elle aime ce Jardin qu'elle a trouvé—fait à l'image de la vie—car c'est à travers ce voyage initiatique qu'elle a découvert le Livre, non pas l'Ecriture des autres—mais la sienne.

La beauté de *Même les oiseaux ne peuvent pas toujours planer* en tant que vidéo/théâtre, réside dans la poésie écrite mais aussi dans sa beauté visuelle. Expressions imagées, métaphores, rythmes existent en dehors des conventions théâtrales, à travers le mariage de la parole et de l'écran. Les prises de vue des parties du corps, découpées et fragmentées, en gros plan et de loin, invitent participants et spectateurs à étudier ce mécanisme qu'est la psyché, cette spiritualité qu'est la communication avec soi, les autres, et le grand tout. Grâce à des tableaux de Magritte et de Proweller, les éléments réels transcendent le monde empirique, plongent dans un domaine mythique. Les images se fixent puissamment dans la mémoire du spectateur et par leur beauté et par le mystère qu'elles recèlent. Tout un nouveau monde est mis en relief, articulé, révélant détresse, menace, amour, haine—un microcosme. Rêves nocturnes, rêveries éveillées, délires se déroulent sur l'écran et dans le texte, à travers des séquences qui ressemblent au théâtre d'ombres indonésien; VERBES, IDEOGRAM-MES, IMAGES vivent de leur propre élan, rappelant un passé vécu qui s'intègre à un présent également réel, le rendant plus effrayant, plus important par un suspense effréné, insaisissable—presque intenable. C'est alors que la densité de ce travail collectif, se créant sciemment et inconsciemment, devient cosmique.

LEÇONS DE BONHEUR
(1980)

Leçons de bonheur est non seulement une suite à *Même les oiseaux ne peuvent pas toujours planer,* mais un épanouissement de cette nouvelle forme de dramaturgie. Les mots n'y sont pas souverains, mais grâce à la mobilité de la paluche, Atlan a atteint à une 'liberté d'écriture inconnue au théâtre.' De plus, la vidéocassette ou le vidéodisque permettront 'un nouveau mode de lecture, un nouveau rythme des spectacles.' *Leçons de bonheur* peut être lu chez soi comme on lit un poème, un roman.

'Je me mis à écrire les *Leçons de bonheur* pour une page de lumière, captant des voix, des gestes, des morceaux de personnes, une page mobile, sonore, libre. . . je vérifiais de temps en temps si cela pourrait effectivement, être joué dans un théâtre. Oui, à condition de concevoir la scène comme une toile de peinture, d'en supprimer la profondeur, d'en transgresser les lois. Quant à l'image sur l'écran, réduite au minimum, soumise au verbe, je me doutais bien qu'elle n'enthousiasmerait pas les cinéastes, mais cela me plaisait de transgresser le cinéma par le théâtre et le théâtre par le cinéma. Je n'écrivais ni pour l'un ni pour l'autre, mais pour une page de lumière, un livre d'ondes.'[2]

Les *Leçons de bonheur* n'ont pas résulté d'une improvisation dans un centre de réadaptation mais d'une 'recherche personnelle sur l'écriture.' Il y a donc une épuration et de l'image et de la langue parlée; du rythme et des sonorités. Un nouveau diapason est trouvé. La complicité entre le monde empirique, c'est-à-dire le monde intelligible et raisonnable, et le monde de l'absolu, ou le nouménal, la chose en soi, a été resserrée Ce recensement de mondes multidimensionnels se manifeste techniquement dans les codes, les structures affectives et intellectuelles, révélant ainsi des stimulations lumineuses, rythmiques, auditives, tout à fait inusitées, Ce monde inconnu qui nous est révélé réalise sémiologiquement parlant, tout un champ réceptif, une mémoire immédiate et mécanique, volontaire et involontaire qui se manifeste sur la scène et l'écran.

En outre les *Leçons de bonheur* signale une certaine façon de percevoir le corps humain en utilisant le code pictural de Proweller comme guide. 'Les simples lignes d'une épaule trahissent de façon précise, concrète, une réalité, un état d'âme, une personnalité inscrite dans les mouvements apparents et secrets de la chair,' écrit Atlan.[3] La paluche capte, cadre, que cela soit une épaule, une cuisse, une hanche, une bouche, un bras; la vision peut évoquer chez le spectateur toute une nouvelle dimension, une tonalité et un rythme capable de révéler un jeu intérieur, des couches souterraines de la psyché. 'Et les lignes découvertes par la paluche,' poursuit Atlan, 'seront comme dans les toiles de Proweller, si concrètes, si pures, si vraies que leur courbe trahira d'elle-même une analogie profonde avec les courbes qui définissent le soleil, une montagne, la matière dite inanimée. La moindre couleur, la moindre courbe sont l'expression concrète d'une passion, si puissante et si pure qu'elle en devient cosmique' (p. 19).

C'est justement dans cette optique insolite, cette attitude objective à l'égard du spectacle vu et ressenti, que les *Leçons de bonheur* nous apporte de la nouveauté, et abolissent le conventionnel. L'objet (que cela soit une partie du corps, une table, une fenêtre, un escalier projetés par la paluche, ou les clignotants des répondeurs ou de la console) possède sa propre richesse, son énergétique personnelle, qui se diffuse sur la scène et l'écran,

2. 'Interview avec Liliane Atlan,' 20 avril 1982,p. 20.
3. *Ibid.*, p. 19.

68

sur l'acteur et le spectateur. Ce monde de machines et d'objets est un genre d'hiérophanie, capte une force qui dépasse le domaine du compréhensible et détient un pouvoir que nous pourrions appeler parfois magique. Le monde inanimé joue donc un rôle aussi puissant que le monde animé, il suscite une intensité de concentration, d'émotion, une force de vie et de bonheur qui traversent les protagonistes, comme elle traverse les pierres, donnant aux objets mêmes le diapason.

Dans les *Leçons de bonheur*, 'les *comédiens* devront, non jouer tel ou tel personnage, mais ETRE, dans toute leur personne, l'émotion vécue à tel ou tel instant, si bien qu'il suffira d'éclairer tel ou tel morceau de leur personne pour rendre évidente cette émotion. Si bien qu'on échappera au réalisme étroit de la psychologie sans tomber dans l'abstraction ou l'arbitraire, on échappera au réalisme des situations et des personnages, pour DEVENIR, et éclairer les pulsations vitales qui nous traversent. Si bien qu'il y aura analogie, accord secret, réel entre les sons, donnés par la console, sons puisés dans le répertoire de la nature (vent, cigales, etc.), et les rotations secrètes de nos humeurs s'expriment en paroles, en sentiments, en "mesures"![4]

La trame de *Leçons de bonheur* est simple. Une femme, Nina Vivaldi, et un homme, Jean-Paul Le Maître qui se sont connus autrefois, se retrouvent. Ils ne peuvent pas être heureux directement, leurs psychés étant trop complexes et trop tourmentées. Ils ne se sont pas vus depuis longtemps. Nina Vivaldi, qui a maintenant une quarantaine d'années, décide de prendre des leçons de bonheur. Elle ira consulter un maître qui sera (mais elle ne le sait pas), Jean-Paul Le Maître (jeu de mots sur son nom). A travers cinq leçons ou scénarios, il lui fera vivre ce qu'elle pensait ne jamais pouvoir connaître: l'amour.[5]

La première leçon qui s'intitule, 'Les Répondeurs,' apprendra à Nina à découvrir qu'il faut 'savoir attendre.' Il fait nuit. On voit le clignotant d'un répondeur s'allumer sur scène. On entend une 'voix jeune, espiègle, sensuelle, savoureuse.' Elle demande à la personne qui téléphone—c'est-à-dire à Nina—de bien avoir la gentillesse de 'laisser ses cordonnées' (p. 3). On entend un extrait du quintette à cordes K 516 de Mozart. Le clignotant s'allume de nouveau, la voix de la même femme résonne doucement, timidement, tristement. Le clignotant s'éteint puis se rallume tout au long de cette séquence. On apprend que Nina lui téléphone depuis deux mois et ne comprend pas pourquoi il garde ce silence vis-à-vis d'elle. Est-ce pour l'éprouver? pour l'encourager? ou pour l'éliminer?

Pendant ce temps le spectateur voit la main du Maître tourner des

---

4. *Ibid.*
5. Liliane Atlan, *Leçons de bonheur.*

69

boutons pour faire fonctionner l'un ou l'autre répondeur, avec ou sans son. Parfois on ne voit que le signal lumineux qui dure jusqu'à la fin du message et puis s'éteint; on n'entend rien. A d'autres moments on voit la main qui met en marche les sept messages déjà entendus mais répétés, ou le quintette de Mozart. Finalement on voit une main qui commence à faire un numéro et puis s'arrête. Les sept signaux éclairent la salle; les répondeurs se déclenchent en canon; puis un seul se fait entendre. C'est Nina qui dit: 'j'ai besoin d'avoir la preuve qu'il est possible d'éprouver du bonheur, je ne veux pas finir mon existence dans l'erreur, c'est-à-dire dans l'amertume' (p. 9). La main s'arrête finalement, décroche le téléphone, fait le numéro. Le Maître donne rendez-vous à Nina le jour suivant à 17:30.

Tout un monde lumineux et sonore se manifeste dans cette première séquence. L'éclat et la virtuosité des sept répondeurs, du clignotant créent le suspense, jouent avec les émotions, dramatisées à travers les machines. Ce sont les instruments qui deviennent les protagonistes, qui revêtent corps et âme, qui co-habitent avec Nina et l'entraînent vers cette connaissance du bonheur, ainsi que celle de l'amertume et de la haine.

La deuxième séquence de cette première leçon se passe dans les escaliers de la maison du Maître. Pendant que Nina monte aux étages supérieurs, on voit sur l'écran ses bottes, son sac, l'une de ses mains, puis on la voit de dos, de profil, de face. Ce qui, au premier abord n'était occupé que par la voix, est maintenant habité par le corps. C'est en la voyant monter les escaliers que le spectateur se rend compte que Nina est non seulement en train d'être observée, mais filmée par une paluche 'tenue par une main qui se déplace dans la cage de l'escalier' (p. 10). Une vraie trouvaille d'Atlan, 'La main sur la paluche filme la main de Nina Vivaldi hésitant à appuyer sur les sonnettes des trois portes du premier palier' (p. 11). Décrite comme 'longue, fine, trahissant une hypersensibilité'. . . ainsi qu'une 'tendance au mysticisme,' cette main nous invite à pénétrer au delà du corporel, de cette partie du corps dont elle est la manifestation.

La main, qui joue un rôle d'une extrême importance dans les *Leçons de bonheur* exprime non seulement une activité intellectuelle, mais aussi la puissance et la force dominatrice. N'oublions pas que le mot *manifestation* a la même racine que *main*: c'est-à-dire que ce que l'on saisit avec la main existe dans le monde empirique mais aussi dans le domaine de l'inconscient—le non-créé. La main fait valoir la justice, la miséricorde, la rigueur, la bénédiction; elle est à la base des mudras hindous et bouddhiques, inscrivant certains mouvements dans l'espace; la main, par rapport au reste du corps, signifie maintes attitudes intérieures, des attitudes agressives, des prises de possession, d'énergie qui se transforme,

70

se dépense, s'extériorise. C'est à travers la main du Maître que se fait valoir—pendant qu'il manipule les machines—une main impersonnelle, quasi-divine—une volonté transcendante: elle rôde, hante les lieux et reste au-delà du monde subjectif de Nina. C'est cette main qui préparera la naissance d'une conscience nouvelle chez Nina.

Pendant qu'elle monte les escaliers jusqu'au dernier étage, on ne voit, filmés par la paluche, que le buste, les cheveux longs et mal peignés, son sac, sa main, ses rides, ses lèvres, ses 'yeux, brûlants, comme affamés' (p. 12). Parfois elle reste dans l'ombre, quittant ainsi le monde manifesté pour reprendre sa vie secrète, ce non-vécu. 'Il est capital,' écrit Atlan, 'qu'on ne la voit pas filmée sur un écran mais vraiment révélée par morceaux, il est important que le spectateur la découvre comme le fait Jean-Paul, morceau après morceau révélant chaque fois non sa personne mais précisément le fait qu'elle la cache... D'une certaine manière, Nina enterre sous sa vie apparente une Nina cachée qui se découvrira, s'autorisera à exister, de leçon en leçon. Cette mise à jour d'une personne habituée à rendre impossible tout bonheur, cet accouchement, à partir de soi-même, de sa propre face cachée douée pour le bonheur, est le but, le 'drame' de ces leçons, c'est une opération nécessaire non seulement pour Nina, mais pour toute personne.'[6].

Quand finalement Nina arrive au cinquième étage, sa main tremblante est captée par la paluche; on la voit qui sonne. La femme de ménage, dite Pouponne, une cinquantaine d'années et très élégante, ouvre la porte de la maison du Maître. Elle lui explique que c'est à travers ce réseau de répondeurs qu'elle communique avec le Maître et elle suggère que Nina fasse de même. Elle quitte l'atelier et Nina, restée seule, finit par manoeuvrer les répondeurs.

Nina entend toutes sortes de conversations entre Pouponne et le Maître, et entend sa propre voix également. Elle comprend qu'il faut, pour atteindre au bonheur, savoir attendre. Elle écoute la voix du Maître, qui lui demande de revenir le lendemain.

La deuxième leçon, 'L'écran,' dont le but est de lui faire apprendre à 'savoir faire confiance,' se centre presque entièrement sur le domaine visuel. Elle entre dans l'atelier du Maître et se voit projetée sur l'un des murs qui sert d'écran. Elle commence à rire. D'où provient l'image qu'elle voit. Un rideau noir percé d'un trou 'à travers lequel passe un rayon de lumière' est visible. Nina comprend que de l'autre côté se trouve une sorte de cabine de projection. Cette femme sur l'écran, c'est elle, mais elle ne se reconnaît pas'.[7] Elle la décrit: 'Cette femme porte sur elle le poids

6. Notes pour la mise en scène des *Leçons de bonheur*.
7. *Ibid.*

des tragédies du siècle, mais elle les porte mal, comme une actrice débutante mettrait sur elle un masque sans savoir faire corps avec lui' (p. 22). 'Mais c'est moi!' Elle se voit si triste. 'La tristesse est une forme d'obscénité,' s'exclame-t-elle découragée (p. 24). Elle parle directement à l'écran puis demande au Maître la raison pour laquelle il se cache derrière le rideau. A quoi jouez-vous? Ai-je raison de croire que vous aussi vous voulez lutter contre l'ennui, le vide?' (p. 24).

Nina entend la voix du Maître et voit son ombre derrière le rideau. Il se montre fort et bien bâti, 'mais sans doute mal à l'aise dans son corps' (p. 30). Il lui demande de prendre la paluche et de le découvrir. 'Ne me regardez pas derrière ce rideau mais dans le viseur. . . vous le trouverez en tenant la caméra à plat, vous pouvez l'incliner, la faire tourner, vous en servir dans tous les sens, en prenant vous-même toutes les positions, on filme avec tout son corps, avec toute l'imagination et l'amour contenus dans le corps' (p. 30).

Les premiers essais de Nina sont maladroits. Néanmoins, elle poursuit sa tâche car le Maître veut qu'elle découvre à travers son corps, le secret qui la travaille. Elle voit ses pommettes, ses tempes, sa bouche, son cou. Sa pudeur est telle qu'elle cache ses désirs, domine ses sentiments. Elle filme ses mains. Elle n'en a pas honte mais le Maître lui affirme qu'elle les empêche 'd'être douces, caressantes' (p. 33). Elle regarde sa main de nouveau sur l'écran: elle s'est transformée, elle est devenue caressante. Nina commence à filmer son corps: ses cuisses, son front. Elle découvre chez elle une gaieté innée, une aptitude à rire. 'Une sorte d'émotion religieuse la prend;' elle se sent reliée à la vie; une énergie s'infiltre en elle comme si elle était subitement capable de recréer sa vie. 'Son corps, filmé, commence à vivre, timidement' au début, mais ensuite avec plus d'entrain, plus de liberté, comme si ce qui avait été sclérosé respirait la joie, la confiance. Elle a compris la leçon: les émotions, jusqu'à présent refoulées, maintenant connues d'elle, lui inspirent confiance.

La troisième leçon, 'La Console', ou 'savoir oser', sera capitale, difficile et s'apprendra également à travers des instruments, prétendument anonymes et fabriqués en série, mais dont la puissance, comme des décharges électriques, agira sur les protagonistes. Une console (sorte d'appareil qui met en communication un système central d'ordinateurs) est placée contre un mur dans l'atelier du Maître. Le clignotant et le répondeur s'allument. L'atelier est vide. M. Le Maître reviendra, dit le message, après avoir terminé un travail urgent. Un autre message. Le Maître ne reviendra pas de la nuit car il s'est passionné—nous apprenons qu'il est architecte— pour une ville qu'on lui a demandé de reconstruire 'à partir de ses ruines.' Ce n'est pas seulement pour gagner de l'argent qu'il entreprend ce travail. 'Le bonheur,'dit-il, se construit dans les personnes mais aussi dans l'espace' (p. 44). Il remet la troisième leçon à la semaine suivante.

Dans la deuxième séquence de cette leçon, le Maître, assis devant la console, enregistre des voix, les mêle à toutes sortes de sonorités, il en résulte 'une phrase de musique à trois voix',faite à partir des précédents messages, pris dans des bruits de soufflerie. La voix de Nina, faible au début, 'comme noyée dans la machinerie', explique sa détresse, son manque de forces, ses crises d'étouffement; puis la voix du Maître, plus forte, plus dure au fur et à mesure qu'il avoue son besoin d'argent tout en expliquant ses projets d'architecture; la voix de la femme de ménage, qui, comme une litanie, exprime sa honte, sa faiblesse, 'Au lieu de tout risquer, je n'ai pas pu oser' (p. 46). Comme dans une cantate à trois voix, les tonalités, les rythmes s'accélèrent, s'opposent, variant, transformant l'ambiance physique et affective, transformant la matière vécue en un moment de musique. L'étendue des sons parcourue par ces voix à travers la console monte à un diapason qui se maintient, et puis retombe. Le silence domine alors.

La nuit se fait. Personne n'arrivera. Le Maître boit une margarita, puis une autre. Il rêve debout. Il regarde la ville à travers la fenêtre; les lumières. Le répondeur s'enclenche: on poursuit la Femme de Ménage pour dettes. Le Maître répond: qu'elle passe chez lui et il lui donnera les six mois de gages qu'il lui doit. Elle résiste. Elle a beaucoup grossi. Elle est 'tombée dans la pornographie.' Ce concept de pornographie est important dans les Leçons de bonheur. C'est une attitude mentale et physique qui s'exprime par une égocentricité foncière: il n'y a que soi-même qui compte; on ne cherche le bonheur qu'à travers la possession. Il faut savoir aimer, pense Atlan, sans vouloir dominer, ni garder à jamais. Surmonter la pornographie, donc, implique un dépassement du momen-tané, de l'actuel; il faut savoir quitter l'autre personne; savoir se quitter soi-même.

La dernière séquence de cette troisième leçon commence par téléphone et à distance. Jusqu'à présent le Maître lui avait parlé par son image; il lui parlera maintenant par sa 'propre voix' (p. 53): la Console répète des bribes de phrases déjà prononcées par Nina et par la Femme de Ménage. Les sons, les voix prennent une vigueur et des sonorités différentes selon le degré d'intensité affectife, les phonations deviennent graves, aiguës, vibrent, puis retombent dans le silence.

Furieuse, Nina raccroche, puis rappelle. Elle entend de nouveau ce concert de voix, de timbres. 'D'où viennent ces cigales?' demande-t-elle au Maître. Quelles cigales?' répond-il. Ce n'est qu'une 'soufflerie, une respiration anonyme et artificielle où se situent nos voix,' qui émergent de la console. Pour Nina, c'est le début d'un rêve: elle voit des figuiers, des

73

platanes, elle sent 'l'odeur des raisins de vendange' (p. 55). Tout le paysage de son enfance est réveillé par ce son qu'elle prend pour des chants de cigale.

Nina prend un taxi et se rend chez le Maître. Le fond de son atelier—où se passera le rituel, la confrontation de l'homme et de la femme— est intensément illuminé. On entend le bruit de vraies cigales, stridentes, sortant de la console, remplissant la salle d'une immense beauté et d'un sentiment de calme. 'Ces cigales…je sais bien qu'elles sont contenues dans votre console mais je sens l'odeur du thym, de la lavande, j'ai du mal à respirer dans cette clarté, comme dans mon enfance' (p. 58). Elle rêve comme lui tout à l'heure, devant la fenêtre, regardant la ville, les lumières. Elle prend une margarita que le Maître avait préparée. La boisson lui rappelle un voyage 'dans une forêt, pendant l'été indien. . . . une chambre d'hôtel, un homme et une femme qui s'aimaient, la clef de fermeture:' Il avait décidé qu'il la quitterait au lever du jour, car le bonheur ne peut ou ne doit pas durer. 'Il était cruel,' dit-elle (p. 59).

Jusqu'à présent Nina et le Maître se tournaient le dos. Dans la Kabbale on dit que l'homme et la femme furent créés dos à dos, 'en se tournant le dos' (p. 59). Lentement, comme un rite religieux, ils se retournent l'un vers l'autre, se reconnaissent. C'est Jean-Paul. Nina tremble. 'Ne dis rien. Ose,' s'exclame Jean-Paul (p. 61). Elle lui prend la main, l'embrasse. Il fait de même. La lumière est intense. Bien qu'il fasse nuit, c'est le soleil et non plus la lune qui domine les rapports. Le conscient s'accroît: un désir de vivre pleinement et ne plus réprimer ses passions, de s'exposer à la vie, d'oser l'accepter!

Quand, dans cette scène, Nina et Jean-Paul se voient pour la première fois, sachant qu'ils avaient déjà passé une nuit d'amour ensemble, l'anecdote prend une envergure mythique. Il en va de même pour les tonalités: ces chants de cigales qui revêtent une dimension interstellaire. On dit que l'âme du monde est un son: quand l'ouïe est frappée par un mouvement vibratoire rythmique, nous pénétrons l'origine du cosmos. C'est la Parole, le Verbe qui a produit l'univers selon l'Evangile de St. Jean; c'est la voix de Dieu que Moïse a entendue en gravissant le Mont Sinaï, c'est la perception des échos de la vibration primordiale qui nous permet d'entendre les mantras: le monosyllabe Om, le plus connu, le plus universel; l'audition du *dhirk,* pour les musulmans, encourage la perte de l'individualité et l'immersion dans l'universel.

Pour Nina et Jean-Paul, ces sonorités de cigales font partie de la musique des sphères dont parlaient Pythagore et Abraham Abulafia, le Kabbaliste espagnol du treizième siècle. La forme de conscience décrite par eux est mystique: elle s'ouvre sur une autre façon d'envisager l'univers, elle baigne dans les analogies, dépassent le monde rationnel.

Grâce aux machines, Nina et Jean-Paul peuvent accéder à d'autres planètes, ne plus rester accrochés à l'ordre empirique qui, pour eux, est tombé dans la médiocrité. Afin de connaître la vraie passion, il faut se transformer en matière comme dit la Kabbale, en *Malkut*, car ce n'est qu'à partir de ce moment que l'on peut vivre viscéralement ainsi que spirituellement. Il faut être *terre* pour se transfigurer en *esprit*. C'est pour cela que, quand Jean-Paul se tourne lentement, gravement, rituellement vers Nina, tout un monde extra-terrestre apparaît et c'est comme si le Cantique des Cantiques se chantait: l'herbe, l'eau, tout un monde jaillit pour eux et ils se sentent débordants de vie grâce aux machines qui détiennent ce pouvoir.

Dans la quatrième leçon, 'La Robe en Soie,' Nina apprendra 'à savoir tenir.' Elle est radieuse, brillante, belle, maintenant. 'Cette fois-ci, tu seras cette Nina douce et gaie que tu as si longtemps empêché d'exister,' lui dit-il (p. 65). Il l'installe sur une chaise et on le voit à l'écran, coupant les cheveux de Nina qui lui cachaient la figure, en lui imprimant un masque de tragédienne. 'Cette Nina que tu n'as pas encore été, nous allons la faire emerger de toi comme une sculpture se dégage peu à peu de la pierre' (p. 64). La beauté du visage ressort, triomphante. Il sort une robe rouge d'un placard, lourde d'une histoire douloureuse car une autre femme l'avait portée. Nina s'en vêtira; il faut 'savoir tenir.' Jean-Paul la regarde sur l'écran. Plus forte qu'en réalité, elle danse: 'Tout mon corps chante, toutes mes âmes,' dit-elle (p. 69). Emu, heureux, il lui décrit le paradis: 'Les paradis sont des sentiers très raides et très étroits, bordés de précipices. Ce sont des sentiers qui peuvent, d'une seconde à l'autre, s'évanouir. Il faut savoir tenir' (p. 72).

Pour vivre profondément et jouir de l'éclat de la beauté qu'offre le monde, il faut apprendre la partition suivante: accepter le fait qu'on doit 'naître, grandir, s'épanouir, mourir' (p. 73). Il ne faut pas regretter d'être né; il faut tirer une force de sa blessure, qui aide à grandir et à pénétrer le paradis —apprendre à s'aimer. Il y a deux personnes en chacun de nous: la personnalité étroite qui vit sa petite histoire dans l'anecdote, dans la vie quotidienne; il y a la personnalité élargie qui dépasse ce domaine limité et vogue dans les espaces infinis. Cette deuxième personne n'est pas toujours visible ni connaissable; elle apparaît parfois dans toute sa beauté, son éclat, son objectivité, sa capacité de connaître une expérience qui dépasse les limites: éternelle, divine, dans le vrai sens du mot. 'Il ne s'agit ni de toi ni de moi,' explique Jean-Paul, 'mais de deux êtres que nous créerons à notre ressemblance pour mettre à l'épreuve une ou deux idées' (p. 74).

On voit sur l'écran des parties d'un tableau de Proweller qui s'intitule 'La cuisse et la rose,' puis un angle de la cuisse de Nina, deux pieds de la chaise. Un dialogue amoureux entre Nina et Jean-Paul se chante: 'Elle l'aime, elle le désire, elle l'attend.' Lui, de son côté 'la désire, il a peur d'elle, comme on a peur d'entrer dans la terre promise' (p. 74). La voix des cigales stridentes et folles se fait entendre et toute une dimension sensuelle est vécue à travers l'écran, au ralenti, par fragments, débutant avec une timidité et un lyrisme inspiré et se terminant avec une rage folle, presque meurtrière. Les paroles et les gestes se déroulent orchestralement tandis que s'épanouissent et s'approfondissent les rapports des protagonistes. Quand la robe appartenait à Lily, Nina tient bon, ne se torture plus. Néanmoins 'Elle a peur du bonheur, elle a peur de le perdre, elle fait tout ce qu'il faut pour le perdre.' L'angoisse la reprend. Pouponne revient, insinue le doute en elle, lui refait son masque de tragédienne. Nina se voit sur l'écran, abîmée, à côté de son image restée sereine. Elle trouvera la force de tenir.

La cinquième leçon, 'Les Hologrammes,' enseigne la chose la plus difficile à accepter: 'savoir quitter.' Les architectes se servent d'hologrammes pour donner, en relief, l'idée de ce qu'ils veulent construire. Jean-Paul finit de construire la maquette de sa ville, cesse de travailler pour entraîner Nina dans un voyage imaginaire à travers la console. Jean-Paul prépare l'hologramme de sa maquette.

Puisque Nina et Jean-Paul ne sont pas capables d'atteindre à la sérénité dans leur vie réelle, ils tenteront d'y parvenir à travers deux êtres créés 'à notre image, mais non à notre ressemblance,' c'est-à-dire leurs hologrammes. Jean-Paul expose Nina au laser, tandis qu'elle tente de tirer d'elle, de leur histoire, une légende. Brusquement, il lui annonce qu'il doit partir en voyage, dans les montagnes, 'celles de mon enfance.' Elle est inquiète, il lui demande de lui faire confiance. Il reviendra dans deux ou trois jours. 'Si je pouvais t'aimer, dit-elle, jusqu'à aimer la liberté': elle note cette nouvelle mesure de leur partition dans la console. Le temps passe. On entend des chants de Noël. Un silence. Une avalanche. Un écho. Nina se lève. Elle fait sa valise. C'est à ce moment précis que Jean-Paul rentre, il la prend dans ses bras. Il allume les rayons laser. Nina se voit "flotter, en relief, dans l'espace.' Elle dit: 'Je suis là toute entière, et pourtant, vue d'ici il n'y a rien. L'hologramme de Jean-Paul vient rejoindre le sien: c'est alors qu'ils vont, concrètement parlant, jouer avec leurs propres personnes. Ils se séparent, se retrouvent, dansent; comprennent qu'ils sont tout, qu'ils ne sont rien; leur bonheur dépend d'eux car il n'est rien, qu'un *éclairage* (p. 105). Les hologrammes vivent, éclatent, disparaissent 'dans un flot de lumière' et Nina et Jean-Paul savent, maintenant, quitter. Pourtant quand le moment viendra, 'ce sera terrible, nous l'avons toujours su.' Ils se regardent et ils sourient. Ils se trouvent dans le champ des lasers (p. 107).

*

Même les oiseaux ne peuvent pas toujours planer a permis à Atlan de déblayer un nouveau chemin, d'exprimer l'inexprimable, d'extérioriser l'amorphe. Les frissons, les tremblements, les sueurs froides, et les scènes d'épouvante vécues par les toxicomanes n'ont pas été supprimés par Atlan dans son vidéo/texte, car c'est justement à travers cette initiation— ce passage—que l'on peut se débarrasser de ce qui entrave, subjugue, enlaidit, et empêche de jouir pleinement de la vie. Tout ce qui a été vécu intensément chez Atlan, donne accès à une autre connaissance; celle-là même à laquelle Aristote s'était référé en décrivant les mystères d'Eleusis. Ce n'est pas, disait-il, une ascèse que l'on peut apprendre intellectuellement, mais quelque chose qu'il faut *éprouver.*

Dans les *Leçons de bonheur,* c'est par les machines que la vérité se dévoile, qu'un sens occulte rayonne, illuminant des personnages de chair et d'os. Les *Leçons de bonheur* commence avec la mort, le soir, la pénombre, et se termine avec la vie, la lumière. C'est une apothéose, un opéra, un cantique égal à certains égards au grand chant d'amour wagnérien: le *Liebesfreud;* et dans sa passion, au chant claudélien de Mesa à la fin de *Partage de Midi,* mais distillé, décanté avec retenue et distanciation. C'est dans les *Leçons de bonheur* qu'Atlan aboutit à l'épanouissement de cette nouvelle forme théâtrale, le vidéo/théâtre. C'est avec cette pièce qu'elle progresse dans son initiation d'écrivain d'une étape à une autre, du monde profane à la sphère divine.

Dans les cinq *Leçons de bonheur* nous revivons un processus cosmogonique: le domaine chaotique se transforme en un cosmos qui baigne dans la sérénité. Une sorte de régénération de l'être a lieu, une réintégration dans cet état perdu par l'humanité après la chute adamique mais avec une grande différence: au lieu de nous retrouver dans un paradis enfantin, baignés dans un non-savoir, une inconscience, un manque de différenciation, nous sommes réintégrés à la pleine lumière, dans la lucidité, ayant vécu, ayant souffert des tristesses, du désarroi. Cette pleine conscience nous apporte cette nouvelle illumination qui vient de l'acceptation des dualités de la vie et de l'harmonie qui l'accompagne.

Les vidéos/textes d'Atlan sont des *katabases*: des explorations souterraines, des descentes qui remuent des eaux bourbeuses et fangeuses, mais qui permettent en remontant cette pente, si difficile et pénible, un dépouillement progressif, une épuration de cette grosse matière qui épuise, alourdit, et parfois tue.

QUATRIEME PARTIE

L'ECLATEMENT DES GENRES

'Que ton bonheur soit le ferment d'une
pensée enfin exacte.'
(Liliane Atlan, *L'amour élémentaire.*)

Atlan dépasse les bornes imposées par la notion de genre. Elle bat en
brèche subdivisions, structures, méthodes, catégories, tons et style. Elle
décompose pour recomposer, de sorte que dans le texte intitulé *Le Rêve
des animaux rongeurs* nous pénétrons le non-vu, le non-ressenti, tout un
ensemble de modes d'activités littéraires qui se distingue et se différencie
des autres catégories d'oeuvres définies par les lois et les caractères
communs.

Le théâtre conventionnel n'existe plus pour Atlan; ni la poésie à
strophe ou en vers blancs, ni les vidéos/textes qu'elle avait pourtant créés
dans *Leçons de bonheur*. Les séquences dont *Le Rêve des animaux rongeurs*
est composé, ne représentent pas des scènes tirées de la vie familière ou
populaire; elles ne se composent pas non plus de chroniques anecdotiques
ou de tableaux de genre, ni même d'ululements surréalistes. Atlan
défriche un terrain vague; mais son point de départ est toujours fondé sur
des sujets actuels ainsi qu'éternels, comme, par exemple, le sens ou non-
sens de dieu. En frayant des chemins, elle décoince des vérités ainsi que
des platitudes pour débarrasser sa pensée et son langage de multiples
fioritures qui, comme des parasites, se sont collées aux mots, enfouies
dans le langage, créant un fatras de couches insanes. Elle cherche à épurer
le verbe, le puisant à des sources souvent divergentes, voulant clarifier,
libérer et finalement unifier pensées et émotions dans un vocable
rigoureux et pertinent.

Cet éclatement des genres est perçu comme une révolte contre les idées
préconçues des institutions établies qui règnent en France et ailleurs:
qu'elles soient littéraires, religieuses, ou politiques. Atlan non seulement
adopte l'attitude de dérision et de provocation non systématisée, mais

nous offre également le côté positif de ses reniements, ses rejets et déchets. Ne se contentant pas de négation, et en dépit de la déliquescence qu'elle observe autour d'elle, elle pénètre une autre sphère, dans *Le Rêve des animaux rongeurs,* qui est à la fois actuelle, anecdotique mais aussi visionnaire; bouleversante dans ses explorations, renversante dans ses regroupements, soubresauts et coincidences. S'appuyant et sur la réalité et le domaine onirique, *Le Rêve des animaux rongeurs* a un aspect lyrique ainsi que poétique qui constitue une forme musicale nouvelle. Utilisant les procédés d'écriture de la fugue, du canon, des cantiques, des oratorios, des mélopées, et des strettes où les thèmes se multiplient et se chevauchent, Atlan envoûte par la beauté de son langage, ses expressions si imagées, cette perception innée chez elle qui va au-delà du monde vécu et connu par la multitude, pour nous plonger dans la violence et, nous engloutissant ensuite, dans une sphère où la tendresse et l'amour côtoient les vérités profondes qu'elle recherche.

La décadence qui s'appesantit sur notre ère n'apporte ni la sérénité ni la passivité chez Atlan. Au contraire, satire et cruauté empoignent ce dernier écrit, lui-même une enquête poursuivie. Elle met en doute les postulats; elle refuse le reconcement, même provisoirement; elle se débat, non pas pour se sacrifier mais pour s'expliquer, pour nous offrir des remèdes qui puissent par la suite sinon guérir, du moins ouvrir des portes, des voies à une autre façon de vivre, voir, jouir de ce qui nous est accessible. C'est par une détermination consciente qu'elle finit par accepter les antinomies qui l'accablent et c'est pour cette raison qu'il y a une force, une volonté qui vibre dans *Le rêve des animaux rongeurs,* en dépit de cette noirceur et de ces terreurs si puissantes. Dans ce livre on sent également l'humour, qui coupe et casse cette morosité qui aurait pu engloutir l'auteur et le lecteur. Au lieu de quoi, il aide à chercher un nouveau terrain d'élection et pour l'individu et la collectivité: le rire qu'Atlan extrait d'elle-même prélude à ce nettoyage de détritus néoromantiques qui prévaut encore chez tant d'écrivains modernes.

L'oeuvre d'Atlan s'est dégagée des vieilles orientations et a développé un genre d'hymne aux temps nouveaux; non pas utopique, mais révélateur; qui explore et fusionne les domaines du possible et de l'impossible, toute une machinerie du monde nouveau. Avec lucidité elle détruit les apparences d'une société qui valorise un monde divisé en classe supérieure et inférieure, le dissout des terrains vagues au moyen de propriétés phoniques, stridentes, discordantes s'il le faut, ou mélodieuses, veloutées, et amoureuses pour concrétiser ses visions qui ressemblent alors à des chorégraphies. Des rythmes accélérés et languissants, selon le contexte; un parler succulent ou sec, acerbe ou voluptueux; des discours perçants ou adoucissants suivant la pente du coeur et des idées révélées.

Audace, fantaisie, ironie et un humour noir seront les moyens par lesquels Atlan rejette le révolu et crée une nouvelle optique. En développant sa voie à elle, elle fait une *oeuvre* qui est *épreuve*. *Le Rêve des animaux rongeurs* est né d'expériences sinon réellement vécues, du moins ressenties profondément, jusqu'à la moelle. Elle s'est défaite d'un système d'habitudes et d'idées et grâce à de nouveaux procédés et perspectives, à des jeux de mots, au fonctionnement de l'esprit, à l'imprévu, l'arbitraire paraît dominer. L'émotion est prépondérante. Mais l'idée joue un rôle immense également, car elle coordonne perceptions et impulsions, un genre de mathématique et de thématique, résultant d'une observation précise et d'une application rigoureuse dans le domaine de l'épuration de la langue. Pas plus que Bachelard, Atlan n'analyse l'image en la projetant sur la page; ni le mot, pour renchérir sur sa profondeur ou sa sensibilité, mais à mesure qu'elle crée cette nouvelle oeuvre, les deux prennent naissance, vivent, rêvent et boivent viscéralement à cette *prima materia* qui est sa propre substance.

LE REVE DES ANIMAUX RONGEURS
(1980)

Je compris qu'il me fallait absolument changer, au plus profond de ma personne, si je voulais pouvoir un jour écrire de façon vraie. C'est pourquoi j'ai commencé 'Le Rêve des animaux rongeurs,' un livre qui m'a pris dix années—j'avais l'impression d'être enfermée, de me débattre avec les mots, espérant pouvoir enfin respirer, n'y arrivant vraiment jamais—un livre auquel j'essayais d'échapper, auquel mes cauchemars me ramenaient. Il me fallait comprendre d'où venait ma peur et mon refus de la réalité. Le désir de connaître et de dire la vérité relève d'une certaine maniére, du désir de tuer. Ce n'était ni un roman ni du théâtre mais un combat entre des voix contradictoires, celles qui dénigraient, et celles qui aimaient.[1]

Le Rêve des animaux rongeurs, comme *Les Chants de Maldoror* de Lautréamont, est la démonstration et la réussite d'une nouvelle écriture à la fois verbale et orale, visuelle et tactile; les sens attisant les formes, les objets, les idées d'une façon de plus en plus aiguë et acérée. Précision et cohérence règnent paradoxalement sur les travers, les filons qui jaillissent de l'inconscient d'une femme qui est à la fois innommable, indéfinissable, intenable—*une, on,* ou *elle,* la prétendue protagoniste de cette oeuvre. C'est sa vie intérieure qui se déroule à gros plan et de loin, en relief et en couleur, en noir et en blanc, en images qui se mirent, se reflètent, se dissolvent, s'annulent, se cristallisent dans le flux perpétuel des eaux, et des cieux mouvants, dans le coeur et l'oeil vitreux du narrateur.

Comme *Les Chants de Maldoror, Le Rêve des animaux rongeurs* est une oeuvre qui détruit: elle est imbue de haine, de méfiance, de rancoeur; elle

1. Liliane Atlan, *Le Rêve des animaux rongeurs.*

accuse, dénigre tout ce que le narrateur a connu, vécu, ressenti depuis sa plus tendre enfance—guerre, cruauté, mort, souffrance, rixes, tout ce qui sépare, trahit, divise, coupe l'être humain non seulement de lui-même, mais du sein de sa famille, de son pays, et de sa culture. Les tiraillements que Lautréamont a connus, cette bestialité qu'il a fait sienne, cette exécration de Dieu, lui et elle la ressentent violemment, viscéralement. A travers les phantasmes de cette femme indéfinissable et innommable, se déchaînent et s'enchaînent constamment des séquences qui la transfigurent parfois en mur, à d'autres moments en bateau, puis en cancéreuse—mélangeant non seulement visions et sensations, mais optiques et physiques, décortiquant, clarifant les ambiguités, les délires qui dérapent.

La réalité se raconte mais elle se transforme en même temps en un rêve qui devient par la suite réalité. *Le Rêve des animaux rongeurs* offre un genre de ronde, fascinante et qui enchante, qui se faufile à travers un climat morbide, désespéré mais aussi comique — ce rictus noir qui grimace, qui gifle mais qui fait rire en même temps. Le rythme est oral; l'écriture l'est également. Il est fait pour être dit; comme une cantate, un oratorio car les voix parlent, individuellement et en groupe; elles se crispent, hurlent, tremblent parfois, bondissent et rebondissent. Leurs paroles atteignent une douceur insolite en remontant la pente de la mélancolie.

Une femme explore ses fonds abyssaux; sa voix est traversée par d'autres voix qui coupent la narration de celle qui décrit sa situation terrestre, son Mal de Terre. Mais les voix ne sont jamais définies, jamais personnalisées: ce sont des *on-il-elle*. Il n'y a pas de personnages dans le vrai sens du mot; personne ne s'habille et ne se déshabille; les lieux où les voix habitent ne sont jamais décrits. Ces voix, parfois, forment des ensembles; et se composent également en tableaux, en images entourées de vide, de creux, d'ombres qui jaillissent imperceptiblement , provoquées par une douleur, une flamme lacérante. *Le Rêve des animaux rongeurs* est une immolation: on entend craquer les os, couler le sang et on demeure stupéfié parfois par un silence insolite—terrifiant!

Le Rêve des animaux rongeurs décrit une crise religieuse et sentimentale. Il s'agit d'une femme qui divorce mais ce n'est pas seulement son mari qu'elle quitte, c'est toute une famille, une culture, une nation—surtout Dieu. C'est ce Dieu qu'elle exècre car c'est Lui qui a permis le meurtre de 6,000,0000 de Juifs—son peuple, à Buchenwald, Dachau, Auschwitz et dans d'autres camps d'extermination. C'est ce Dieu, pense-t-elle, qui pendant des milliers d'années est resté là-haut à accepter les incantations, les prières, les litanies, les chants d'un peuple sans intervenir, sans essayer de régler le chaos qui se propageait sur terre. C'est un *deus absconditus* qui s'est éloigné de sa création, la laissant seule, peinant, souffrant, en proie aux tortures, aux souffrances!

Elle abhorre ce Dieu, mais elle est hantée, poursuivie et déconcertée par Lui. Elle sait inconsciemment que son raisonnement est faux: que c'est l'homme qui se lance dans la Cruauté comme il se précipite vers le Sublime. Le Créateur a pourvu l'homme du libre arbitre et c'est à lui de choisir entre le Bien et le Mal. Dieu existe dans cette créature qui rêve, qui souffre, qui gémit, qui aime à sa façon dans *Le Rêve des animaux rongeurs,* mais elle le rabaisse, elle le rend mortel—fini, au lieu de le voir en tant qu'entité infinie. C'est une angoisse métaphysique qui la préoccupe; un désir de comprendre, de vouloir dominer ce qui dépasse la portée humaine.

Le Rêve des animaux rongeurs est branché sur le cosmique. Cette femme innommable raconte sa vie personnelle, qui est tissée en même temps de multiples vies, donc rejoint le domaine collectif—mythique. *Le Rêve des animaux rongeurs*, quant au style, est comparable au *Midrash*. La racine du mot *Midrash* est *darash* qui veut dire 's'enquérir' ou 'explorer', ceci alors ayant trait à toute une littérature israélite dont le but est d'interpréter les textes sacrés pour en déduire la plus profonde et la plus ample des implications. Le *Midrash* comporte des interprétations éthiques, pratiques, philosophiques, religieuses de la Bible et d'autres textes et c'est justement ce que fait Atlan dans *Le Rêve des animaux rongeurs:* elle relève, soulève, discute certaines idées qui l'obsèdent. C'est une enquête que cette femme—l'innommable—mène; un questionnaire sur ce qu'elle voit, ressent, entend, et on distingue des pistes dans ce mélange de réponses qui frôlent l'infini.

Le Rêve des animaux rongeurs n'est pas cartésien dans sa structure: ce n'est pas une composition linéaire mais plutôt une dé-structuration; une écriture non rationnelle. Il s'agit de pulsions, d'élans qui jaillissent de l'inconscient de cette innommable. C'est un monologue intérieur qui permet une descente, une vraie pénétration dans le domaine subliminal de cette femme: elle excave avec pelle et pioche sa terre, sa matière, cherchant, comme il est écrit dans la Kabbala, la lumière divine, l'or qui est engrangé dans la terre. Pour les Kabbalistes, mystiques Israélites, la Première Création de Dieu n'était pas l'homme, mais Adam Kadmon, construit d'une substance ressemblant au verre et contenant la Lumière Divine. L'énergie de Dieu était tellement puissante qu'Adam Kadmon a éclaté et les étincelles jaillissant de cet être ont rempli le monde terrestre et cosmique. Le lot de l'être humain est de recueillir ces étincelles qui sont éparpillées à travers le Grand Tout et ainsi, se rapprochant de Dieu, il réussit dans sa tâche à travers la Bonté. C'est la Lumière dans la Matière (*Malkut*) que chaque individu recherche pendant son séjour terrestre, essayant sans cesse de se transfigurer. C'est le poids de l'existence qu'il faut changer en soi-même et non pas essayer de vivre dans les zones aérées ou célestes, car là-haut, près du Divin, il n'y a que sublimité et perfection. Ce sont les phantasmes de cette femme —de cctte innommable—qui doivent changer d'allures, de formes, de contenus pour que le chaos devienne cosmos, pour que la macération se résorbe en sérénité, la haine en amour.

La femme descend à l'intérieur d'elle-même; elle voit dans ses phantasmes d'innombrables tunnels qu'elle traverse et jalonne; en sondant ses fonds abyssaux elle n'oublie pas la lumière, mais ne la trouve pas tout de suite non plus. Elle descend pour se connaître, pour trouver sa vraie individualité et pour remonter, se libérer d'un monde qu'elle trouve décadent et qu'elle hait, qui existe chez elle comme un cancer en cours de métastase qui grossit et risque de la tuer si elle ne s'en défait pas d'abord.

C'est à travers le monologue intérieur qu'Atlan comme James Joyce et Virginia Woolf, explore et torpille cette haine qui est également amour, tout un héritage dont elle voudrait se sevrer mais dont elle a encore besoin. Mais en se racontant elle essaye de fuir la réalité et non pas de l'affronter, de s'affronter.

Les tunnels où elle rôde sont des échappatoires, des protections; elle se trouve parfois coincée dans ces replis souterrains, avec des rats comme compagnie. Les rats jouent un rôle capital dans cette oeuvre. Chez l'occidental, le rat envoie les maladies, comme la peste; c'est un animal chthonien, comparable à certains égards au serpent: tous deux inspirent la terreur. Le rat ronge, mange, tue, dénude, inspire la crainte surtout pendant la vie nocturne. Néanmoins, le rat a son côté positif car lorsqu'il ronge il libère, enlevant l'extérieur, l'écorce, tout ce qui emmure l'être ou l'objet. Chez les Japonais, quand le rat est absent du village, les gens s'inquiètent car c'est le signe que la prospérité n'existe plus chez eux.

Les animaux rongeurs—rats et souris dans cette histoire—suivent l'innommable partout, et dans sa vie réelle et dans ses phantasmes, permettant ainsi à des repères et jalons d'émerger, reliant et mélangeant ces expériences vécues ou imaginées, ne pouvant plus distinguer le vrai d'avec le rêve. Cette femme existe dans une soupente, parfois au bord de la folie et elle pense à son passé: à la Rue des Cent Portes à Jérusalem, aux femmes habillées à la vieille mode, aux hommes vêtus de noir, aux enfants qui jouent et parfois jettent des pierres à ceux qui prennent la religion à la légère. Mais ce passé l'aide à fuir la réalité, à trouver une nouvelle voie, une joie qui jusqu'à présent a été broyée, malaxée par un état d'âme malade. Ce flux qui existe dans le dépaysement constant de l'innommable rend la lecture de cette oeuvre difficile —il en est de même pour Joyce, Woolf, et Lautréamont. C'est une oeuvre écrite comparable à des sables mouvants, où ces animaux rongeurs qui nous guettent, nous fourvoient inlassablement.

Le Rêve des animaux rongeurs nous présente l'image d'un couple marié depuis quinze ans. Ils sont en voyage et achètent des couteaux. Le couteau est bien sûr un instrument tranchant: un objet actif qui modifie la matière passive. Il peut aussi couper la partie gangreneuse ou pourrie de la matière, tout ce qui est maléfique et dans ce sens il garde en santé le reste du corps. C'est couteau dont l'innommable a besoin afin de séparer toutes les pulsions qui l'habitent: haine, vengeance, désir de sacrifice. Ce sont ces émotions qu'il faut découper et explorer; dissequer, coupant ces grandes questions en petits morceaux, en lambeaux. Une fois vus de près, les problèmes peuvent être mieux compris et peut-être acceptés et assimilés par le reste de la personnalité. C'est grâce aux couteaux qu'elle réussira à diviser ses hantises, ses rêves, ces séquences visuelles qui débouchent sur le cosmos, et qu'elle arrivera à la fin à sortir de la boue où elle s'est par maladresse enlisée.

C'est contre cet enlisement, cette clôture, cet emprisonnement qu'elle lutte; en même temps elle recherche, car il y a ambivalence dans cette femme qui est à la fois indulgente, égoïste, narcissique mais aussi hantée par ces questions métaphysiques propres à elle et à son peuple. Elle gratte tout le long du livre, coupe, scie, essayant d'ouvrir les portes qui l'incarcèrent: 'On va de porte en porte et c'est toujours la même, on ne va nulle part, on tourne sur soi-même.' Elle coupera ses amarres et guettera le monde, partira 'pour se perdre' mais aussi pour se trouver, tissant les lambeaux d'elle même qu'elle trouvera en cours de route, formant ainsi une mosaïque complexe et flamboyante de beauté et d'horreur.

L'histoire d'une femme dont l'identité est saccagée se déroule petit à petit; cette innommable qui veut se couper de tout ce qui l'environne et voguer comme 'Le Bateau ivre' de Rimbaud, seule, parmi les flots, les tempêtes, sans haleurs, sans hublots—dans le noir ou la lumière. Jusqu'à présent elle pratiquait les rites dictés par sa religion; elle lisait la Loi des Sages, célébrait les fêtes et les cérémonies. Elle aimait tout cela 'comme une comédienne continue parfois d'être dans la journée ce qu'elle joue le soir' (p. 2). Mais depuis qu'elle a commencé *Le Rêve des animaux rongeurs*, des voix lui dictent ses phantasmes, elle s'abandonne à elles. Ses rêves la libèrent petit à petit; celui de la glace par exemple: 'Un morceau de glace dépassait d'une fenêtre, on le sciait. Il n'y avait plus de glace et l'on sciait quand même. On accomplissait le geste avec d'autant plus de respect, de précision, de commentaires qu'il n'avait plus d'objet' (p. 3). Elle a compris le vide, le creux qui existait et elle voulait se connaître à nu, sans ce fatras qui l'alourdissait. Elle voulait scruter la vérité; savoir ce qu'elle pensait vraiment, ce qu'elle ressentait; se débarrasser comme

Phèdre de ses voiles, de ses bijoux, de toute parure dans le sens symbolique du mot, afin de passer outre.

Cette même innommable qui voulait à tout prix être dénuée de nom, de famille, de pays, de Dieu (être une combinaison de variations, de types, de formes, de nuances dont les aspects sont multiformes et innombrables) rêve qu'elle a un cancer et qu'elle est hospitalisée. C'est à l'hôpital qu'elle crie, qu'elle commence à se défaire de ses credos, de ces dogmes qui l'empêchaient de respirer. Désemparée, malade, affamée de liberté, elle étouffait sous le poids de l'idéologie, ne pouvant plus respirer, agir, tant elle était affaiblie par les tiraillements. Il fallait agir, démolir les murs, ouvrir les portes, permettre au monde irrationnel de détruire le statu quo, de laisser décanter tout ce qui avait été réprimé, incarcéré dans ses tunnels, ses profondeurs, tout ce qui avait été emmuré.

Les murs emmurent. Les murs protègent. Ils barrent le passage à tout ce qui pourrait apporter une circulation d'air frais, ce qui pourrait encourager gestation et épanouissement. Les murs favorisent l'épanouissement d'une situation méphitique, l'éclosion de conditions néfastes, le pourrissement, la décomposition, le triomphe d'une psyché gangreneuse.

> Car telle est la Sagesse, un mur pour abriter, un maître—mur pour empêcher d'entrer, il vaut mieux buter contre des murs que voir ce qu'ils cachaient. De mon temps, la porte s'est ouverte. Elle donnait sur l'un des ossuaires. Il y avait des montagnes d'images, de quelles familles mortes, des rats les ont rongées, rendues méconnaissables. La mienne la voici. Elle porte la marque d'une marche forcée parmi les flammes. (p. 15)

Les murs, l'innommable les voit partout: en France, en Israel. . . . Le mur des Lamentations, qui protège son peuple contre l'ennemi, qui relie l'individu à son dieu (ou l'en sépare) est une hiérophanie permettant au croyant de ressentir le Créateur. Il évoque tout un domaine affectif, les pulsions qui jaillissent, qui se décantent partout.

Les phantasmes, morcelés et parfois amoncelés, lient et relient l'innommable à la réalité. Elle régresse. La guerre surgit. Elle parle de ses enfants qui devaient se cacher dans des armoires, puis d'une ferme où des jeunes gens labouraient la terre, chantaient, dansaient, élaboraient une nouvelle façon de vivre, tout en montant des réseaux clandestins, sauvant ceux qu'ils pouvaient, faisant sauter des trains, prenant le maquis, où beaucoup d'entre eux furent tués. Ces mêmes idéalistes fondèrent, plus tard, après la guerre, une école dans un vieux château, pour retrouver les vérités cachées dans les écritures hébraïques. Elle déambulait, avec ses amis, d'une grande salle vide à une autre, ou dans le jardin, 'un parc aux bouleaux séculaires,' faisant des plans pour changer radicalement le monde. Elle se marie, deux enfants naissent. Elle sait qu'elle n'est ni bonne mère ni bonne épouse. 'Je fis une prière où je parlais du crime d'avoir osé créer une aussi triste Terre' (p. 19). Pourquoi la Terre existet-elle? et en se posant cette question elle l'humanise, la personnifie. Elle se sent transformée parfois dans ses rêves: devient 'le Moïse d'un nouveau désert' (p. 2) et dans ses parcours elle découvre 'une ville sans soleil, baignée dans les ténèbres d'où s'échappaient les enfants' (p. 20). Elle rêvait qu'elle est déportée après la guerre et 'jetée vivante dans les flammes, qui ne la brûlaient pas grâce aux poèmes qu'elle inventait' (p. 2).

Elle déambule dans un paysage intérieur et extérieur, se fuyant, se retrouvant le long de son récit, s'écoutant à travers les multiples voix disparates sortant d'un peu partout: voix silencieuses, grinçantes, acidulées, mielleuses, tendres. Ses illusions se sont effondrées, elle chante ses peines, ses folies, ses soubresauts, son Mal de Terre qui, comme le Cantique des Cantiques, flambe dans son coeur. Ses visions s'étriquent petit à petit, perdant de l'ampleur, pour reprendre une vigueur effrénée une puissance qui s'articule et se concrétise et l'englobe—elle et son monde.

Comme dans *Une Saison en enfer* de Rimbaud, les cauchemars brillent ainsi que les fêtes; toutes sortes de cérémonies l'habitent, celles qui font partie de sa religion: celles qui accueillent les saisons, le bonheur, le malheur, le repentir, les naissances. Sa vie devient un théâtre où l'être humain s'enthousiasme, non pas d'assister à un spectacle, mais de 'puiser dans ce combat ou cette liturgie, de quoi renouveler la force d'être vivant' (p. 20) Elle invente un nouveau langage, un nouveau spectacle et invite la lune et le soleil à participer, à danser avec elle, à partager ses hantises. Elle revoit ses parents vivant dans ce même désaccord qu'elle avait connu quand elle était petite: 'ils parsemaient leur chambre d'herbes amères' (p. 25). Elle entendait 'le violon grincer en s'harmonisant et cela la rendait gaie' (p. 26). Son récit s'émiette parfois; puis s'abat en rafale.

Elle se savait différente. Elle venait d'ailleurs, ne pouvant s'adapter, sachant qu'elle 'avait l'esprit faux' et qu'elle vivait dans un domaine 'où l'on parlait une langue analogue, indéchiffrable ici, un monde où l'on ne mangeait pas, où on vivait de lumière, assis dans les étoiles, sans jamais s'accoupler, à réfléchir logiquement car la logique est juste bonne pour les taupes'(p. 27).

De nouvelles images surgissent, bondissent, brèves, parfois saccadées ou prolongées: voyages, cancer, travail, poison, des idées, des émotions remplissent l'écran visuel. On la voit, cette innommable étendue sur son lit à l'hôpital—blafarde; elle entend son peuple appeler l'Eternel: 'Toi qui es dans le ciel,' dit la prière. 'Toi protège-moi, voici mon venin. Tu m'en as remplie le jour de ma naissance, depuis l'aurore je crie que l'enfer vient de moi, et non de toi. . . laisse-moi vivre, ouvre les portes, les portes de l'amour, les portes de la lumière, les portes de la loi, les portes du repentir, les portes du pardon, les portes du savoir' (p. 29). L'innommable flambe, elle fera table rase, se dit-elle, de toutes ses idées préconçues 'de ce monde enfoui sous les eaux.' Elle cherche à vivre au grand jour, non plus dans un tunnel noir où elle passe son temps à rôder de couloir en couloir. Mais elle veut se débarrasser de la Terre, de tout encombrement matériel: pain, blé, toute concrétisation. Elle cherche la pluie, les nuages, les âmes, la mer, le bleu—le sublime, sachant à la fois qu'elle est—comme tous les humains —ancrée dans la *prima materia*.

Quelque chose qui peut la sauver: ses écrits. 'J'ai mon théâtre.' Mais les voix qui l'ont toujours harcelée, la voix de ses parents cette-fois-ci, la voix de ses amis, du monde entier, la découragent. L'écriture, c'est juste bon pour l'épuiser. 'A quoi bon le théâtre!' (p. 36). Cette 'petite saleté de phrase...cette érosion de l'âme' qu'elle entend, la torture. 'Tu vas pourrir vivante dans ce lit,'se dit-elle. 'Ouvre tes volets, sors de ta chambre où tu t'enfermes comme une mite. Je ne peux pas bouger,' répond-elle (p. 36).

De nouveau le domaine onirique domine. Elle est dans la montagne maintenant, parmi des grottes où elle pleure les absents, tout ce qu'elle a connu. Mais elle chante aussi, régressant de nouveau. Elle se voit enfant dans la maison de ses parents; tous les deux morts. Son père 'présidait au repas. Il reprenait sa place dans la maison aigre et anxieuse' (p. 40). Et elle, la mort la minait. 'Nous étions là, mon fils à naître et moi, dans la Mer Rouge, elle s'ouvrait, un nouveau peuple s'en allait vers de nouveaux malheurs, la délivrance et l'agonie sont soeurs, fermez la mer, fermez la terre, ne laissez pas venir au monde un enfant pourri par la tristesse maternelle' (p. 41).

Peines, délires, tempêtes la harcèlent. Elle se tord. Sa tristesse jaillit comme une trombe, une clarté, des étincelles. Elle voit 'les rouleaux du Savoir' devant elle; subitement a très froid et 'se serre dans son manteau, c'est du papier, l'un des morceaux des Rouleaux, déchiré... Les rats en fête sur l'autel grignotent le rideau bleu du tabernacle' (p. 49). L'hiver dure longtemps. Elle a froid dans sa soupente. Elle ne dort pas. L'inquiétude s'insinue: 'Oedèmes du moi, voilà le mal de cette fin de siècle.' Et de nouveau le rêve émerge.

> Nous fêtions un mariage, ou quelque chose de ce genre, dans un couloir à portes blanches, au plafond lambrissé, aux lustres de cristal... Une souris, très blanche, sortit de la première porte, fermée. Une autre plus blanche encore, sortit de la deuxième, elles sortaient par rangs serrés, du bas des portes...les portes, elles restaient fermées...les souris grimpaient, et lentement, sans le savoir, les invités, de plus en plus étincelants, se laissaient grignoter. Soudain je me retrouvais seule, dans ce couloir, d'une blancheur radieuse. Quelques souris, debout soudainement grandies jusqu'à ma taille m'accompagnaient. Elles ne rongeaient rien, pas encore Je m'étonnais de leur patience. (p. 55)

L'innommable est prise de panique; une vague attaque un rocher, creuse, ronge, lacère.

Le temps poursuit son cours: cyclique, mythique, irrationnel, et nous annonce un nouvel automne, mais aussi une époque qui dépasse les saisons, les mois, les jours, les minutes. On voit des forêts qui flambent, des vents qui sifflent, usant les nerfs. 'Voici le nom d'un cataclysme, toujours le même: "Etre"' (p.64). Mais elle recevra tout cela: elle absorbera et intériorisera le monde extérieur; elle en fera une fête afin de diluer l'âpreté, le noir, l'ombre.

De nouveau elle s'immobilise, ne faisant que regarder au loin. Est-ce rêve? ou réalité? Est-ce l'Exode qu'elle est en train de revivre; un exode personnel, un exutoire? Elle voit 'des centaines et des centaines de charrettes, bloquées dans des tunnels. Chaque famille s'entassait dans la sienne, étalant son linge, ses disputes, son fiel. Des jeunes gens fous de rage parlaient de mettre le feu à ce stupide bric-à-brac.' Une espèce de cité intérieure, dans les tunnels, se formait, ressemblant aux descriptions dans la Kabbale; la ville —d'Enochia— sous terre;l'endroit où ce maître forgeur légua son savoir à ses descendants: l'alchimie; cette même ville que Nerval avait vue dans ses rêves, enfouie dans cette cité souterraine, le lieu qu'il côtoie sans cesse. L'innommable s'enfonce de plus en plus dans ses couches de matière; elle respire à peine; elle voit sortir du sol des bêtes qui la poursuivent. Elle arrive devant le Mur—est-ce le Mur des Lamentations? Elle ne peut passer outre, du moins pas encore. Le mur était trop haut, trop épais; il 'repoussait le ciel' (p. 78). Elle cherche à remonter la pente; elle court de plus en plus vite, les animaux, affamés 'la gueule ouverte' lui emboîtent le pas. Elle réussit néanmoins à s'échapper, arrivant tout en haut de la montagne; elle retrouve la clarté du monde, et le discernement.

L'innommable sait que son initiation n'est pas encore terminée: obsédée, harcelée elle se sent de plus en plus démunie. De nouveau des visions de rats sortant de partout émergent; 'vivant de leurs meubles,' dans l'appartement où elle habitait avec son mari et ses enfants; mais aussi ces mêmes rats habitent les hangars du port de Haifa. Ils se mettent dans ses livres, son linge, ils 's'étaient nourris de la lettre R du titre de son manuscrit, ce qui donnait *Le rêve des animaux rongeurs* (p. 83). Deux lettres ont été rongées et ont-disparu. Elle veut en finir, sortir du chaos; pourtant chaque fois qu'elle essaye de s'en arracher, 'elle s'enfonce un peu plus bas, sous les murs de plus en plus épais, une enceinte au milieu d'une enceinte au milieu d'une enceinte' (p. 83). La liberté, l'infini se révèlent à elle comme si un lourd rideau de fer venait de se soulever. Le Mari et la Femme se quittent en dépit du fait qu'ils s'aimaient. Elle continuera son livre 'comme on ferait de la dentelle avec sa propre chair' (p. 87).

Elle commence à chanter, à travailler—sa voix par moment devient rauque, tremblante, mais le ton est sûr, la respiration joyeuse. Elle fête la cérémonie du lendemain: 'l'Aube, le Commencement, la Vie.'

*

Les délires qui habitent *Le Rêve des animaux rongeurs* sont tous basés sur la réalité; celle de la France ou de Jérusalem, celle des quartiers des cent Portes ou celle de Haifa où ses malles furent vraiment rongées par des rats, ainsi que les 2 R du titre de son manuscrit. Les histoires qui se tissent dans ses rêves alimentent d'autres phantasmes qui sont inventés sans l'être, qui sont travaillés par son inconscient et reconstruits grâce à l'art.

C'est dans *Le Rêve des animaux rongeurs* qu'Atlan pour la première fois sort du genre littéraire qui l'étouffait. Elle se libère en même temps des catégories littéraires, familiales, religieuses: l'éclatement des genres coïncide avec l'éclatement de sa vie— d'une conscience, d'une façon de voir et d'envisager les choses. Chaque époque a sa forme sienne et maîtresse, comme le disait Stendhal dans son *Racine et Shakespeare*. La forme euclidienne à trois dimensions trônait au dix-neuvième siècle et avant cette époque également; les artistes purent adapter leur constructions théâtrales, romanesques, poétiques, picturales à cette optique. Mais au vingtième siècle, ce serait fermer les portes, barrer les issues, rejeter l'évolution que de forcer cette Terrienne à s'enfermer dans ses structures périmées. Chaque phrase, mot, image qui se déverse et s'incarne dans *Le Rêve des animaux rongeurs,* révèle une vision cosmique, extra-terrestre, découvrant d'autres planètes, d'autres étoiles pendant ce voyage à travers le temps et l'espace à quatre dimensions. L'héroïne passe par des domaines étranges, périlleux, qui s'érigent devant elle et en passant outre, elle se fragmente, mue par une exigence de libération personnelle et collective. Les petites souris, les rats, les couteaux, les cancers, les portes, les murs, qui peuplent ses délires sont également des aspects de cette femme qui gratte, mange, broie tout ce qui empêche son affranchissement. Inspirant un sentiment de terreur, de pugnacité—mais également de BEAUTE—ce récit, écrit avec sa propre chair et son propre sang afin d'y voir clair et de se retrouver, réussit à l'aider à vivre—à CREER. *Le Rêve des animaux rongeurs* est 'un livre à la limite de l'écriture écrite et orale,' a dit Atlan; c'est une cérémonie de Réjouissance, de Renouveau—un Viatique.

CONCLUSION

Atlan a réussi ce qu'elle avait projeté. Elle a atteint 'à une écriture non égoïste, objecte.' Elle a travaillé 'le coeur vide. Le coeur vide de soi mais plein des autres.' Elle a écrit, 'non pour s'exprimer, ni pour guérir, ni pour briller, mais pour servir. Pour le plaisir. Pour contribuer, par la poésie, à retrouver le sens de la louange.'

L'itinéraire d'Atlan, cette recherche personnelle ainsi que collective, a été suivi inlassablement, péniblement, mais avec fruit. Après des débuts classiques (*L'Enfant chien, La Bête aux cheveux blancs, La Vieille Ville*) elle rejette les structures périmées, banalisées. Dans *Les Portes* nous voyons le début d'un théâtre novateur: la disparition de l'individu, des scènes, des décors à l'italienne et à la française, de tout ce côté supposé accessible ou rationnel. La réalité y existe et existera toujours chez Atlan car elle est le point de départ de toutes ses oeuvres; mais chez elle la réalité est à la fois dangereuse et fascinante. Atlan la transforme, socialement, politiquement, philosophiquement, religieusement, selon son optique, une conscience à elle; une façon personnelle de saisir le monde extérieur et de l'intérioriser.

La création d'un théâtre cosmique (*Monsieur Fugue; Les Messies; La Petite Voiture de Flammes et de voix; Les Musiciens, les Emigrants*) a battu en brèche le monde euclidien, cartésien—ce qu'on appelle faute de mieux, le compréhensible, l'intelligible. Atlan dépasse le monde pragmatique pour se lancer dans un domaine virtuel, analogique, rempli de signes, de présages, un espace, comme disait Baudelaire, où 'de vivants piliers' articulent leurs pensées, leurs sensations, qui se croisent, se terrorisent, s'engloutissent. Le non-vu existe pour Atlan, car c'est ce domaine qui rôde aux alentours, qui émerge, triture, brille et puis disparaît. Il n'y a plus de protagonistes, plus d'intrigues, plus de lien entre les scènes, les voix, les tonalités, les sonorisations. Il y a des visions, des sensations qui, comme des vagues océaniques, envahissent la scène, laissant leurs ombres se percevoir de temps à autre, marquant puissamment tous ceux qu'elles ont frôlés. Une dépersonnalisation s'effectue; elle hante la scène. Des voix, des cris, des vocables envoûtent; englobent les spectateurs, les jettent dans un monde impersonnel, immortel—mythique. Le bruitage, les lumières règlent le jeu des acteurs, dominent pour ainsi dire la trame, les montées et les descentes d'emotions qui émerveillent et en même temps démobilisent tous ceux qui participent à cet événement théâtral.

Atlan dépasse, transcende le théâtre. Ses pièces poussent à une sorte de révolte. Elles bousculent, libèrent, mais détruisent, triturent. Elles ont valeur de numen.

Atlan poursuit ses découvertes, ses sondages. Son verbe est toujours puissant, son lyrisme broyant, ses jeux de scène étrangement baroques, ses mouvements terrifiants ainsi que spectaculaires. Atlan se lance dans le vidéo/théâtre. *Même les oiseaux ne peuvent pas toujours planer* et *Leçons de bonheur* sont des pièces à la fois humaines et inhumaines, viscérales et intellectuelles—toujours poétiques. Son monde est onirique, bien sûr, puisque c'est son domaine d'élection. Mais c'est un irrationnel voulu, recréé, par le moyen de l'art, répondant à une nécessité psychique et temporelle. Son théâtre est moderne. C'est la machine qui guérit les maux; le vidéo, la paluche, permettent aux voix, aux essences, aux formes sur scène, de vivre aussi pleinement que possible, d'affronter leurs angoisses à travers de multiples projections; de révéler le fond d'elles-mêmes, de voir plus clair dans leur pénombre et de s'en libérer. Ce sont des témoignages fugitifs, fragiles, mystérieux—d'une poésie rare, d'une sensibilité fulgurante.

Toujours à la recherche de nouvelles formes, d'une authenticité plus vraie, plus complète, plus contemporaine, plus personnelle et en même temps plus collective, Atlan fait éclater les genres. Des incantations, des vagissements, des ululements, des rires jaillissent et résonnent dans *Le Rêve des animaux rongeurs.* Ce sont également des décryptages provenant du fond de l'être qui émergent sur scène. Atlan devient *le pont* en tant que dramaturge; son oeuvre est un rite de passage entre le dicible et l'indicible. Elle *est voix,* comme disit Martin Buber au sujet des prophètes; elle *est messagère* entre le monde connu et l'inconnu. Atlan traduit les plus fins remous qui existent dans le domaine non-différencié de son être: la sphère connue par Mallarmé et qu'il a traversée et extériorisée dans *Igitur.* Atlan recrée, comme l'alchimiste, cette pâte universelle, corporellement, gestuellement dans un théâtre verbal mais aussi un théâtre à machine, à engins; des ensembles d'appareils qui combinent, reçoivent, et restituent l'énergie appropriée pour traduire le chant d'amour qui est à la base de chacune de ses pièces.

Le théâtre d'Atlan est bouleversant. Fulgurants et fervents, ses hymnes proviennent du domaine religieux —d'un passé historique et psychique— car elle peut dire, comme la Phèdre de Racine—'Mon mal vient de plus loin.' C'est en ceci qu' Atlan fascine, envoûte, et désoriente.

Ses pièces, des oratorios, des écritures polyphoniques où les voix se rejoignent à partir de ce qu'elles disent et de ce qu'elles entendent, émanent d'un domaine absolu—de ce *Centre*, qu'Aristote appelait le Moteur Immuable, que les Kabbalistes nomment l'Origine, le Commencement, le Point de la Création; c'est le *Pi* des Chinois, le non-être, l'espace à la fois ouvert et fermé.

Atlan exploite son abîme intérieur qui est nourri du Talmud et de sa tradition hébraïque. Elle psalmodie ses égarements, ses mouvements étranges et baroques, imprégnés toujours et paradoxalement de chair et de sang, qui 'se succèdent, s'annulent, se déposent, comme des alluvions,' dit-elle. La vie y habite, y continue, et se greffe sur tous ceux qui participent soit à la lecture de l'une de ses pièces, soit à leur représentation dans un théâtre. Son oeuvre est *omniprésente;* une fenêtre donnant sur l'inconnu, sur l'avenir—où les Absents, les Vides, les Silences, comme des viatiques, vivent et vibrent. Atlan réussit ce qu'Artaud avait préconisé dans *Le Pèse-Nerfs:*

> Et il y a un point phosphoreux où toute la réalité se retrouve, mais changée, métamorphosée— et par quoi?? —un point de magique utilisation des choses. Et je crois aux aérolithes mentaux, à des cosmogonies individuelles.

BIBLIOGRAPHIE

Publications:
poèmes:

Les Mains coupeuses de mémoire. Paris: Oswald, 1961.
Le Maître-mur. Paris: Action Poétique, 1962.
Lapsus. Paris: Editions du Seuil, 1971.

théâtre:

Les Portes, 1969.
Monsieur Fugue ou le mal de terre. Paris: Seuil, 1967.
Les Messies ou le mal de terre. Paris: Seuil, 1968.
La Petite Voiture de flammes et de voix. Paris: Seuil, 1971.
Les Musiciens, les Emigrants. Paris: Oswald, 1976.

vidéo-théâtre; vidéo-livre:

Même les oiseaux ne peuvent pas toujours planer, 1980.
Leçons de bonheur. Paris: Théâtre Ouvert, 1982.

l'éclatement des genres:

Le Rêve des animaux rongeurs, 1980.
Le Petit Lexique, 1982.

Publications à l'étranger:
Monsieur Fugue ou le mal de terre. Israel: Editions Moreschet, 1971. Traduction de H. Gouri.
Monsieur Fugue ou le mal de terre, Revue théâtrale, Tokyo, Japon, 1971.
Anthologie de théâtre sur le génocide des juifs pendant la deuxième guerre mondiale. New York: Performing Arts Journal Publications, 1984, Elinor Fuchs dirige le volume.
Theatre Pieces: An Anthology by Liliane Atlan. Greenwood, Florida:

The Penkevill Publishing Company, 1984. Traduction de Marguerite Feitlowitz.

Diffusions sur France-Culture:
  Les Portes.
  Monsieur Fugue ou le mal de terre.
  Les Messies ou le mal de terre.
  Les Musiciens, les Emigrants.
  L'Amour élémentaire.
  Même les oiseaux ne peuvent pas toujours planer.
  Leçons de bonheur.

Réalisation d'une bande vidéo:
  Les Mains blanches: montage d'improvisations théâtrales faites et tournées au Centre Médical Marmottan, avec les toxicomanes.

Représentations théâtrales:
  Monsieur Fugue ou le mal de terre:
  Comédie de Saint Etienne Jean Dasté,
  T. N. P.; Genève; Ottawa; Pays-Bas,
  Belgique; Israel; New York; Varsovie.
  Les Messies ou le mal de terre: Théâtre Ouvert; Paris; Avignon; Middlebury College, Vermont; New York City.
  La Petite Voiture de flammes et de voix, Festival d'Avignon; Carmes; New York City.
  Les Musiciens, les Emigrants, La Palace, La Criée, Marseille. Théâtre des Kibboutzim, Israel.
  Leçons de bonheur, Jardin d'Hiver, Paris; La Criée, Marseille.
Expériences d'écriture collective et de mise en scène:
  Spectacle écrit et joué par des enfants de Jérusalem pour éduquer et distraire les grandes personnes: Cercle théâtral du Musée de Jérusalem, Israel.
  Un spectacle sans titre et non écrit, imaginé et joué par des Israéliens et des Palestiniens sur le campus de l'Université de Jérusalem, en hébreu et en arabe. Le theme: *Deux orchestres, pour une seule scène.*

SOURCES SECONDAIRES:

Artaud, Antonin,*Oeuvres complètes.* Paris: Gallimard. I, 1956. II, 1964.

Bihaljii-Merin, Oto, *Great Masks.* New York: Abrahms, 1971.
Franz, Marie Louise von, *Interpretation of Fairy Tales.* New York: Spring, 1970.
Genet, Jean, *Le Balcon.* Paris: Arbalète, 1962.
Godard, Colette, *Le Théâtre depuis 1968.* Paris: J. C. Lattès, 1980.
Kennedy, Sheighle, *Murphy's Bed.* Lewisburg, Pa.: Bucknell University Press, 1971.
Knapp, Bettina, *Off-Stage Voices.* Troy, New York: Whitson Publishers, 1975.
Knapp, Bettina, 'Collective Creation from Paris to Jerusalem: An Interview with Liliane Atlan' *Theatre.* Fall-Winter, 1981.
Knapp, Bettina, 'Interview avec Liliane Atlan,' 20 avril 1982, non éditée.
Knapp, Bettina, 'Liliane Atlan sur Bande,' 30 avril 1983.
Matras, Jacques *L'Audio-visuel.* Paris: Presses Universitaires de France, 1974.
Sarrazac, Jean-Pierre, *L'Avenir du Drame.* Lausanne, Suisse: L'Aire théâtrale, 1981.
Schonfeld, Hugh, *The Passover Plot.* New York: Bantam Books, 1969.
Scholem, Gershom, *Major Trends in Jewish Mysticism.* New York: Schocken Paperback, 1981.
Scholem, Gershom, *The Messianic Idea in Judaism.* New York: Schocken Paperback, 1971.

TABLE DES MATIERES